사도행전

김중언 지음

LIVING IN FAITH SERIES
ACTS

Copyright © 2006 by Cokesbury

All rights reserved.
No part of this work may be reproduced or transmitted in any form or by any means, electronic or mechanical, including photocopying and recording, or by any information or retrieval system, except as may be expressly permitted in the 1976 Copyright Act or in writing from the publisher. Requests for permission should be addressed in writing to Permissions Office, 201 Eighth Avenue, South, P. O. Box 801, Nashville, TN 37202, or faxed to 615-749-6512.

Scripture quotations in this publication, unless otherwise indicated, are taken from THE HOLY BIBLE with REFERENCE Old and New Testaments New Korean Revised Version © Korean Bible Society 1998, 2000. Used by permission by Korean Bible Society. All rights reserved.

Writer: Joong Urn Kim
Cover credit: © Panoramic Images

Nashville
MANUFACTURED IN THE UNITED STATES OF AMERICA

차 례

제1과　주님의 지상명령과 교회의 시작 ·················· 5

제2과　성령께서 일하시는 교회 ··················13

제3과　박해의 시작과 첫 순교자 스데반 ··················21

제4과　사역자를 택하시고 준비하시는 하나님 ··········29

제5과　선교의 전초지 안디옥 교회 ··················37

제6과　예루살렘 회의 ··················45

제7과　유럽으로 전파되는 복음 ··················52

제8과　로마에서 땅 끝까지 ··················58

제1과
주님의 지상명령과 교회의 시작

사도행전 1:3-9; 2:1-4

1. 성경 이해

오직 성령이 너희에게 임하시면 너희가 권능을 받고 예루살렘과 온 유대와 사마리아와 땅 끝까지 이르러 내 증인이 되리라 하시니라 (사도행전 1:8).

말씀 배경

신약성경 처음에 나오는 네 개의 복음서에는 이 땅에 구주로 오신 하나님의 아들 예수 그리스도께서 하신 일이 기록되어 있다. "예수께서 행하시며 가르치시기를 시작하심부터 그가 택하신 사도들에게 성령으로 명하시고 승천하신 날까지의 일"(사도행전 1:1-2)이 기록되어 있다.

사도행전은 주님께서 승천하시기 전 제자들에게 분부하신 대로 예루살렘을 떠나지 않고 성령을 기다린 120명의 제자들이 성령을 받는 일로 시작하여 교회를 이루고, 땅 끝까지 이르러 주님의 증인이 된 사도들의 사역이 기록되어 있다. 곧 교회의 시작과 성령께서 교회를 통해 역사하시는 기록이 실려 있다.

(1) 그리스도의 지상명령

"그러므로 너희는 가서 모든 민족을 제자로 삼아 아버지와 아들과 성령의 이름으로 세례를 베풀고 내가 너희에게 분부한 모든 것을 가르쳐 지키게 하라 볼지어다 내가 세상 끝날까지 너희와 항상 함께 있으리라 하시니라" (마태복음 28:19-20).

주님께서는 승천하시기 전 제자들에게 땅 끝까지 이르러 그리스도의 증인이 될 것을 명하시고, 그 사명을 넉넉히 감당해 나갈 수 있도록 성령을 주실 것을 함께 약속해 주시었다. "예루살렘을 떠나지 말고 내게서 들은 바 아버지께서 약속하신 것을 기다리라"(사도행전 1:4 하반절)고 말씀하심으로써 주님의 증인이 되는 사역은 먼저 성령을 받지 않고는 할 수 없는 것임을 시사하셨다.

(2) 성령 세례의 약속

"요한은 물로 세례를 베풀었으나 너희는 몇 날이 못되어 성령으로 세례를 받으리라" (1:5). 약속하신 성령 세례와 요한의 물 세례는 무엇이 다른 것일까?

가) 물 세례

세례 요한은 주님의 앞길을 예비하기 위해 하나님으로부터 보내심을 받은 사자였다. 그는 "광야에 이르러 죄 사함을 받게 하는 회개의 세례를 전파"하였다 (마가복음 1:4). 요한이 물로 베푼 세례는 죄의 용서함을 받기 위한 전제조건이 되는 회개를 상징하는 세례이었다.

채권자와 채무자의 관계에서 갚을 능력이 없으니 참아 달라 요청하는 것은 채무자가 할 일이요, 그 빚을 탕감해 주는 일은 채권자가 할 일인 것이다. 죄의 회개는 죄인이

하는 일이요, 죄의 용서는 심판자가 하는 일이다. 세례 요한이 베푼 회개의 세례는 그러기에 죄를 용서해 주는 세례가 아니라, 주님께 나와 용서받기 위한 조건으로서 회개하는 것을 상징한 세례이었다.

나) 성령 세례

"너희는 몇 날이 못되어 성령으로 세례를 받으리라"(사도행전 1:5 하반절) 라고 약속해 주신 성령의 세례는 어떤 것인가?

주님께서는 "보혜사 곧 아버지께서 내 이름으로 보내실 성령 그가 너희에게 모든 것을 가르치고 내가 너희에게 말한 모든 것을 생각나게 하리라"고 말씀하시었다 (요한복음 14:26). 성령은 주님께서 보내주시어 내 속에 내재하시는 영이시오 하나님이시다. 성령은 성부와 성자와 함께 삼위일체 하나님의 한 격(格)이시다.

창조주 하나님을 성부라 하고, 2000년 전 이 땅에 오신 구주 예수님과 심판주로 오실 그리스도를 성자라 하고, 영으로 우리 속에 오셔서 내재하시는 주님의 보혜사를 성령이라 한다.

그러기에 성령은 내게 오셔서 내재하실 때 나의 한 부분으로 동화되는 것이 아니라, 객관적 인격체로 내 안에서 나와 교통하시고 교제하시는 분이시다. 그 성령이 내게 오실 때, 성령의 세례를 받았다고 표현한다.

　　a) 성령의 세례는 죄의 용서함을 받고 새 사람이 되는 세례, 곧 거듭남의 세례이다. 밤에 예수님을 찾아왔던 니고데모라는 유대인 관원에게 "사람이 물과 성령으로 나지 아니하면 하나님의 나라에 들어갈 수 없느니라 육으로 난 것은 육이요 성령으로 난 것은 영이니 내가 네게 거듭

나야 하겠다 하는 말을 놀랍게 여기지 말라 바람이 임의로 불매 네가 그 소리는 들어도 어디서 와서 어디로 가는지 알지 못하나니 성령으로 난 사람도 다 그러하니라" (요한복음 3:5-8) 라고 예수께서 말씀하셨다. 성령으로 거듭난다는 말은 외부적으로 나타나는 요란한 현상이 아니라, 조용하지만 그 변화를 감지할 수 있다는 말이다.

b) 성령의 세례는 주를 그리스도로 고백할 수 있는 믿음의 확신인 내적 증거의 세례이다. 성경은 성령을 받아야 그리스도를 주라 고백할 수가 있다고 말하고 있다. "성령으로 아니하고는 누구든지 예수를 주시라 할 수 없느니라"(고린도전서 12:3)고 사도 바울은 고린도 교회에 쓴 편지에서 말하고 있다. 성령 세례를 받은 사람은 주를 그리스도라 고백하고 믿는 내적 증거를 가지게 된다.

믿음이란 의심 없는 절대적인 믿음을 말하지 않는다. 의심은 믿음을 가질 때 찾아오는 현상이다. 하나님이 계신 것을 믿는 사람은 "만일 안 계시다면" 하는 의심이 생길 수 있고, 하나님이 안 계시다고 믿는 사람에게는 "혹시 하나님이 계시다면 어쩌나" 하는 의심을 가지게 된다.

다) **성령과 성령의 은사의 차이**

사도행전에서는 우리 속에 내재하시는 하나님의 영인 "성령"과 그 성령이 우리에게 능력으로 주시는 선물인 "성령의 은사"를 구별 없이 "성령"이라는 한 단어로 사용하고 있다. "은사는 여러 가지나 성령은 같고 직분은 여러 가지나 주는 같으며 또 사역은 여러 가지나 모든 것을 모든 사람 가운데서 이루시는 하나님은 같으니" (고린도전서 12:4-6).

"어떤 사람에게는 성령으로 말미암아 지혜의 말씀을, 어떤 사람에게는 같은 성령을 따라 지식의 말씀을, 다른 사람에게는 같은 성령으로 믿음을, 어떤 사람에게는 한 성령으로 병 고치는 은사를…이 모든 일은 같은 한 성령이 행하사 그의 뜻대로 각 사람에게 나누어 주시는 것이니라" (고린도전서 12:8-11) 라고 성령과 성령의 은사를 구별해 주고 있다.

이 고린도전서 말씀에 비추어 볼 때, "오직 성령이 너희에게 임하시면 너희가 권능을 받고" 라고 말한 권능은 성령이 각 사람에게 나누어 주시는 은사(선물)로서의 능력을 뜻한다.

성령의 은사는 뚜렷한 목적을 가지고 있다. 사도 바울은 "우리 각 사람에게 그리스도의 선물의 분량대로 은혜를 주셨나니…이는 성도를 온전하게 하며 봉사의 일을 하게 하며 그리스도의 몸을 세우려 하심이라"(에베소서 4:7, 12)고 성령의 은사의 목적을 말한다. 주님께서는 성령이 주시는 권능의 목적을 "예루살렘과 온 유대와 사마리아와 땅 끝까지 이르러" 주님의 증인이 되는 것이라 말씀하신다. 성령의 은사는 우리가 땅 끝까지 이르러 주님의 증인이 되는 사역을 감당할 수 있도록 하나님이 주시는 권능이다. 주님께서는 복음을 증거하는 사역에 필수적인 전제 조건이 되는 이 권능을 받기 위해 예루살렘을 떠나지 말고 기다리라고 제자들에게 말씀하셨다.

라) 교회의 기원

주님의 말씀대로 약 120명의 제자들이 예루살렘에 있는 다락방에 모여 있었다. 그들은 마음을 같이하여 전심으로 기도하면서, 주님께서 약속하신 성령이 임하실 것을 기다리고 있었다. 오순절 날이 되어 다 한 곳에 모여 있을 때에 그들은 성령의 임하심을 체험하였다.

사도행전은 함께 모여 체험한 성령의 임재를 "홀연히 하늘로부터 급하고 강한 바람 같은 소리가 있어 그들이 앉은 온 집에 가득하며 마치 불의 혀처럼 갈라지는 것들이 그들에게 보여 각 사람 위에 하나씩 임하여 있더니"(사도행전 2:2-3) 라고 그 장면을 기록하고 있다. 성령이 임하시는 경험은 여러 환경에 여러 가지 모양으로 나타나지만 이 첫 경험은 놀라운 것이었다. 예루살렘 다락방에 모였던 120명이 예수께서 약속하신 성령을 받음으로써 땅 끝까지 이르러 복음을 증거할 주님의 교회가 시작되었다.

사도행전은 주님의 제자들이었던 사도들을 중심으로 성령을 받은 교회(성도)가 성령께서 인도하심에 따라 예루살렘으로부터 시작하여 유대와 사마리아와 땅 끝까지 이르러 충성스런 주님의 증인이 되는 역사를 기록하여 우리에게 전하여 주고 있다.

사도행전은 28장으로 끝나지만, 그때로부터 시작된 교회는 2,000년을 지난 오늘까지 그 사역을 이어가고 있는 것이다. 오늘도 우리는 사도행전 29장으로 시작되는 성령이 일하시는 끝없는 교회의 행적을 역사에 기록하고 있는 것이다.

2. 생활 속의 이야기

우리는 예수님을 구주로 고백하고 믿는다고 하면서도 "당신은 성령을 받았습니까?" 라는 질문을 받으면 당황해 한다. 그 이유는 성령과 성령의 은사를 잘못 이해하고 있기 때문이다.

방언, 가르치는 일, 믿음, 그리고 사랑은 성령의 은사 중 하나이다. 예수 그리스도를 구주로 믿어 구원 받은 사람은 성령으로 거듭난 사람이요, 성령이 내 안에 거하시는 사람이다. 성령은 우리 각 사람의 마음에 계실 뿐 아니라, 교회 안에도 임재하여 역사하신다. 성령을 받지 못한 사람들이 모여 교회가 될 수 없고, 성령의 능력이 역사하지 않으면 교회가 아니다.

우리교회에 여자 권사님 한 분이 계시다. 6년 전 내가 교회에 부임해 왔을 때, 식사도 제대로 못하는 병약한 분이셨다. 주일이면 인근 양노원에 계시는 분들을 위해 심방하고 예배를 도우신다. 얼마나 헌신적이며 열심이신지 자기 힘과 건강으로는 감당할 수 없는 일을 하고 있음을 자타가 공인하는 분이다. 남편 없이 혼자 살면서, 주중에는 열심히 일하고, 새벽기도 빠지지 않고, 예배와 성경공부 열심히 참석하면서 그 사역을 감당하고 계신다.

이 분도 성령의 은사로 힘을 얻어 봉사하는 분이시다. 성령의 은사는 한 사람의 가진 능력의 한계를 넘어 주님의 일을 하게 하는 성령께서 우리에게 주시는 하나님의 능력이다. 성령의 역사를 체험하고, 그것을 간증하고, 증거하는 일이 곧 그리스도를 증거하는 일이요, 전도하는 일이요, 선교하는 일이다.

3. 묵상을 위한 질문

(1) 나는 성령을 받았는가?
    무엇으로 그것을 증거할 수 있는가?
(2) 나는 과연 성령의 은사를 받았는가?
    나에게는 어떤 은사가 일을 하고 있는가?
(3) 내가 사모하는 성령의 은사는 무엇인가?
    사도 바울은 고린도전서 12장 마지막에
    어떤 은사를 사모하라고 하였는가?

4. 결단에의 초청

주님께서 분부하신 지상명령은 교회의 책임이요, 그리스도인들의 궁극적인 임무입니다. 주님께서 분부하신 이 명령을 땅 끝까지 이르러 증거하고, 구원의 복음을 전하는 일을 위하여 우리교회와 나는 얼마나 충실했는지 돌이켜 봅시다. 우리 모두가 과연 지난 날 구체적으로 어떻게 주님을 전하고, 한 사람의 영혼을 구원한 일이 얼마나 되었는지 돌이켜 봅시다. 아직 주님께서 분부하신 이 명령을 수행하지 못하였다면, 오늘 내가 전도해야 할 대상을 정하고 그 이름을 들어 매일 그 일이 이루어질 때까지 기도할 것을 결심합시다.

그리고 성령께서 주시는 능력을 힘입어 그 일을 하기 위해 성령의 은사를 하나님께 간구합시다.

제2과
성령께서 일하시는 교회
사도행전 2:38-47

1. 성경 이해

날마다 마음을 같이하여 성전에 모이기를 힘쓰고 집에서 떡을 떼며 기쁨과 순전한 마음으로 음식을 먹고 하나님을 찬미하며 또 온 백성에게 칭송을 받으니 주께서 구원 받는 사람을 날마다 더하게 하시니라
(사도행전 2:46-47).

말씀 배경

예루살렘을 떠나지 말고 아버지의 약속하신 성령을 기다리라는 주님의 말씀대로 한 곳에 모였던 120명의 제자들은 마음을 같이하여 전심으로 기도하면서 주님이 약속하신 성령이 임하실 것을 기다렸다. 오순절 날이 되어 한 곳에 모여 있던 그들은 마치 바람이 휩쓸듯 불의 혀처럼 임하시는 성령을 함께 체험하였다. 그 결과, 폭발적인 놀라운 능력으로 주님을 증거하여 회개하고 세례를 받는 사람들(제자)의 수가 "삼천이나 더하더라" 할 만큼 증가하는 부흥의 역사가 일어나게 되었다. 그렇게 시작된 첫 교회의 모습이 오늘 공부할 본문의 말씀이다.

(1) 놀라운 전도의 불길

성령의 능력을 받은 교회는 복음 증거의 열정을 교회 안에 묻어 둘 수 없었다. 그 뜨거운 불길은 교회 밖으로 퍼져나가 전도의 불길로 퍼졌다.

베드로는 열한 사도와 같이 서서 "누구든지 주의 이름을 부르는 자는 구원을 받으리라…너희가 십자가에 못 박은 이 예수를 하나님이 주와 그리스도가 되게 하셨느니라" (2:21, 36 하반절)고 담대하게 설교하였다. "너희가 회개하여 각각 예수 그리스도의 이름으로 세례를 받고 죄 사함을 받으라 그리하면 성령의 선물을 받으리니" (2:38)라고 전파하니 이 날에 세례 받은 수가 삼천이나 더하였다고 그때의 상황을 우리에게 성경은 전하여 주고 있다. 이 사건은 성령이 권능으로 임하여 일할 때에 일어나는 놀라운 능력의 역사를 말하여 주고 있다.

우리 모두가 세계 곳곳에서 목격한 것은 성령의 능력이 강하게 역사하는 곳에는 아무도 막을 수 없는 힘으로 밀려오는 파도처럼, 그리스도의 복음이 전파되었다는 사실이다. 우리가 살고 있는 미국 땅에 그런 역사가 있었다. 뜨거운 성령의 불길로 감리교가 그렇게 부흥했었다. 100년의 역사가 조금 넘는 한국교회가 오늘에 이르기까지 놀라운 전도의 역사가 있었다. 지금 중국 땅에 그 폭발적인 전도의 불길이 일고 있음을 우리는 본다.

성령의 역사가 없이는 어떤 잘 계획된 프로그램이나 혹은 달변 있는 사람에 의해서 전도의 역사가 일어나지 않는다는 것을 우리는 알고 있다. 복음의 증인들은 성령체험을 하고 그 능력을 가진 사람들이어야 한다. 그런 사람들은 뜨거운 전도 열정을 품고 있는 사람들이다.

(2) 초대교회의 모습
가) 사도의 가르침을 받는 교회

"사도"는 예수님을 직접 따르던 제자들을 말한다. "사도의 가르침"이란 직접 주님께 듣고, 배우고, 보고, 경험한 주님의 제자들의 가르침을 말한다. 정통성을 가진 가르침에 임한다는 말이다. 처음 교회에서 누구든지 너도 나도 은혜 받고 깨달았다고 가르치기를 시작한 것은 아니었다. 사도들이 가르치는 자였다.

주님과 함께 생활하면서 배우고 경험한 사도들이 처음에 가르쳤다. 그 사도들의 가르침을 함께 생활하는 교회라는 공동체 속에서 경험하면서 배운 사람들이 그 다음 세대 교회에서 가르치게 되었다. 그렇게 이어진 가르침과 배움이 전승되어 오늘 우리에게까지 이르게 된 것이다.

오늘 우리교회는 기록된 하나님의 말씀인 성경과 함께 사도들의 가르침이 전승되어진 교회이다. 교회 안에서는 먼저 담임목사님을 통해 성경은 해석되어 가르쳐져야 하고, 성도님들은 먼저 배우는 일에 힘써야 한다.

나) 성도의 교제가 있는 교회

서로 교제하며 떡을 떼는 성도의 교제가 있는 교회였다. "믿는 사람이 다 함께 있어 모든 물건을 서로 통용하고 또 재산과 소유를 팔아 각 사람의 필요를 따라 나눠 주며" (2:44-45). 성도의 교제는 단순히 식사만 함께 하는 것이 아니다. 서로 나누어 쓰고 협력하는 것을 의미한다. 한 가정의 식구들처럼 친밀한 교제가 이루어진 공동체의 모습을 가지고 있었다. 네 것 내 것 없이 서로 물건을 통용해 사용했고, 서로 구제하여 많이 가진 사람이 가지지 못한 사람에게 도움의 손길을 펼쳤다. 이것이 참다운 "성도의 교제"이다.

시간이 흐르면서 교회가 변질되어 갔고, 초대교회로서의 모습도 퇴색해 갔다. 고린도 교회에서도 주의 만찬을 먹을 때에 "각각 자기의 만찬을 먼저 갖다 먹으므로 어떤 사람은 시장하고 어떤 사람은 취함이라" (고린도전서 11:21)라고 바울은 말하였다. 그들은 좋은 음식을 많이 가져올 수 있는 사람들끼리 가져온 음식을 먼저 먹으면서 주의 만찬을 나누었다. 가난한 사람들은 그 중에 낄 수도 없었고 먹을 것이 없어 배고프게 교회를 떠나야 했다.

교회에는 성도의 교제가 있어야 한다. 사회의 교제는 친구끼리 서로 동등하고 교제할 만한 사람들끼리 오고 가는 것이지만, 교회 안에서 성도의 교제는 그와 다른 것이다. 세상에서는 상종할 수 없는 사람일지라도, 하나님의 사랑과 은혜 안에서 거듭난 사람들이 주님 안에서 형제자매가 되는 교제를 말한다. 함께 차별 없이 떡을 떼는 (주의 만찬 식탁에 함께 참예할 뿐 아니라 함께 자리를 같이하여 식사를 하는) 사귐이 있어야 한다.

다) 기사와 표적이 많이 나타나는 교회

"사람마다 두려워하는데 사도들로 말미암아 기사와 표적이 많이 나타나니" (사도행전 2:43 하반절). 성령이 역사하시는 교회는 백성들이 칭송하고, 믿고, 주께 나오게 되는 표적과 기사(wonders)가 많이 일어나는 교회이다.

"표적"과 "기사"는 단순히 신비한 현상만을 이야기하는 것이라기보다는 하나님께서 우리 중에 능력으로 행하시는 기적들이 우리 눈에는 신비하고 "불가능"하게 보이던 것이 하나님의 도움으로 "가능하게" 되는 일들이라고 보는 것이 더 합당할 것이다. "표적"은 하나님의 손길을 암시해 주는 표이고, "기사"는 우리를 깜짝 놀라게 하는 사건들을 말한다.

라) 마음을 같이하여 성전에 모이고
   기도하기를 힘쓰는 교회

"날마다 마음을 같이하여 성전에 모이기를 힘쓰고 집에서 떡을 떼며 기쁨과 순전한 마음으로 음식을 먹고"(2:46). 초대교회는 열심히 모이고 기도하는 교회였다. 모이기를 힘쓰는 교회가 있고, 핑계만 있으면 모이기를 회피하는 교회가 있다. 심지어는 열심히 모여 열심히 싸우는 교회도 있다. 그러나 초대교회는 "마음을 같이하여 성전에 모이기를 힘쓰고" 함께 모여 예배하는 교회였다.

모일 때는 마음을 같이하여 '한 마음'으로 모이는 것이 중요하다. 그리고 모이면 함께 기도하기를 힘쓰는 교회가 되어야 한다. 함께 모이고, 말씀을 배우고, 은혜를 체험하고, 사랑과 정이 두터워지고, 기쁨과 감사가 넘치고, 서로 위로하고 용기를 북돋아주는 일들이 일어나야한다. 모여서 세속적인 대화로 분주해지면 교회는 병들게 된다.

마) 하나님을 찬미하며 사람들에게 칭송 받는 교회

"하나님을 찬미하며 또 온 백성에게 칭송을 받으니 주께서 구원 받는 사람을 날마다 더하게 하시니라" (2:47). 초대교회는 하나님께 영광 돌리는 교회이었고, 사람들에게 칭송을 받는 교회이었다. 우리 주변에 있는 교회들을 돌이켜 보자. 과연 우리 스스로에게 영광을 돌리고 있지는 않는가? 이웃과 사회에서 칭송은커녕 질타를 받는 교회는 아닌지? 그리하고서야 어찌 교회가 부흥되겠는가!

교회가 작을 때에는 하나님을 찬미하며 사람들에게 칭송을 받아 교회가 부흥되더니, 교회가 커지니까 영광을 스스로 취하고 세속적인 물량주의에 물들어 부패하여 사람들에게 손가락질을 받는 교회가 되어 시간이 가면서 쇠퇴하는 교회들을 많이 보게 된다.

교회는 사람을 내세우고, 자랑하고, 그리고 칭찬하는 곳이 아니다. 교회에서는 하나님 한 분만이 찬양 받으셔야 한다. 그분께만 예배드리는 일이 있어야 한다. 잘못하면 사람들을 내세우고, 스스로 영광을 받고 싶어 하는 프로그램들로 교회를 가득 채울 수가 있다. 사람들의 잔치가 되어 하나님은 뒷전으로 밀리는 일들이 교회에서 일어나서는 안 된다.

더욱이 우리의 모습이 믿지 않는 세상 사람들에게 어떻게 비춰지는가를 살펴보아야 한다. 믿지 않는 이웃 사람들에게 칭송을 받아 구원 받는 사람의 수가 날마다 늘어갔던 것이 초대교회의 모습이었다.

2. 생활 속의 이야기

아프리카 탄자니아의 수도 도도마에 우리교회가 지원하는 선교 사역지가 있다. 몇 년 전 여름에 선교사님의 초청으로 전도 집회를 하기 위해 그곳에 갔었다. 그 지역 성도들이 집회 소식을 듣고, 어떤 곳에서는 이틀이나 길을 걸어서 집회에 참석한 성도들이 있는 것을 보고 놀랐다. 큰 강당을 가득 메운 성도들에게 내가 은혜를 끼쳤다고 하기보다는 오히려 은혜를 체험하고 돌아왔다. 그렇게 모여 3일 동안 새벽, 오전, 오후, 저녁 하루 네 번씩 연속해서 찬양하고, 기도하고, 말씀 듣고, 함께 음식을 먹는 일로 일관되었다. 은혜와 말씀을 사모하고 구원의 기쁜 감격으로 가득할 때 모임은 달라진다. 모이기를 힘쓰는 곳에 부흥이 있고, 부흥이 있는 곳에 모이는 열심이 있다.

오늘날 중국 본토에도 그리스도의 복음이 놀랍게 전파되고 있다. 불과 40여 년 전, 문화혁명으로 가장 큰 핍박과 피해를 본 것이 교회였다. 그러던 중국에 교회마다 큰 부흥이 일어 교회가 차고 넘치며, 지하 가정교회가 셀 수 없이 많아졌다. 시골에 가면 그들은 모여 말씀 듣기를 얼마나 사모하는지 말씀을 전하고 가르칠 때는 몇 시간을 계속해야 한다. 오늘 부유하고 자유로운 곳에서 신앙생활 하는 우리는 설교가 조금 길어지면 큰 일이 나는 것처럼 생각하고 있는 현실을 본다.

환경이 열악한 선교지에서는 안정된 교회보다 "표적"과 "기사"가 많이 일어난다. 왜 그럴까? 그들의 믿음은 초대교회의 열정과 순수성을 가지고 절대적으로 하나님의 도움에 의존하는 믿음이 강하기 때문이라고 본다.

3. 묵상을 위한 질문

(1) 내 믿음생활의 성향을 스스로 물어 보자.
나는 예배, 성경공부, 기도회 모임에 얼마나 열심인가?
(2) 말씀을 읽고, 배우고, 기도하는 일에 정기적으로 얼마나 시간을 쓰고 있는가?
(3) 우리교회가 이웃과 사회로부터 칭송을 받을 수 있는 일에 나는 어떤 구체적인 행위로 기여했는가?

4. 결단에의 초청

교회가 이웃과 사회로부터 칭송을 받기 위해서 어떤 일들을 해야 하고, 어떤 모습으로 임해야 할 것인지 생각해 보고, 그것들을 실천할 수 있는 방도를 생각해 봅시다. 구체적으로 내가 앞장서서 참여하고 도울 수 있는 것들을 염두에 두고 실천에 옮겨 봅시다.
우리교회를 과연 자랑하고, 선전하는데 나는 어떤 몫을 담당하였습니까? 과연 나는 우리교회의 자랑스럽고 좋은 면들을 잘 알고 있다고 생각하십니까?
교회의 자랑거리는 세속적인 기준에 의한 것이 아니라, 핵심적 신앙 사역과 복음의 열정과 세상으로 기쁜 소식을 들고 나아가는 초대교회의 모습에서 보는 사역들이어야 합니다.

제3과
박해의 시작과 첫 순교자 스데반
사도행전 6:1-8; 7:55-60

1. 성경 이해

형제들아 너희 가운데서 성령과 지혜가 충만하여
칭찬 받는 사람 일곱을 택하라
우리가 이 일을 그들에게 맡기고
우리는 오로지 기도하는 일과 말씀 사역에 힘쓰리라
(사도행전 6:3-4).

말씀 배경

초대교회는 부흥하였고, 사도들을 통하여 표적과 기사가 나타날 뿐만 아니라, 믿는 사람이 다 마음을 같이 하여 모이고, 믿는 자의 수도 날로 증가하였다. 그들이 복음을 증언하는 말씀은 점점 힘을 얻게 되었다.

제사장들과 성전 맡은 자와 사두개인들은 사도들의 영향력이 백성들에게 확대되는 것을 싫어하였다. 그들은 마음에 시기가 가득하여 사도들을 잡아 옥에 가두는 일이 일어난다. "대제사장과 그와 함께 있는 사람 즉 사두개인의 당파가 다 마음에 시기가 가득하여 일어나서 사도들을 잡아 옥에 가두었더니" (사도행전 5:17-18). 박해가 시작된 것이다. 무서운 박해를 몰고 올 검은 구름이 일기 시작한 것이다.

초대교회는 물건을 통용하고 가난한 자들을 구제하는 일에 적극적이었다. 반면에 그런 일들이 많아지면서 불평도 일어났다. 교회 안에는 헬라파 유대인들과 히브리파 유대인들이 있었는데, 헬라파 유대인 과부들이 구제 대상에서 빠지게 된다고 불평이 나왔다. 교회가 부흥함에 따라 사도들이 교회 안의 모든 일에 직접 간여할 수 없음을 인식하게 되었다. 이에 열두 사도가 모든 제자를 불러 "우리가 하나님의 말씀을 제쳐놓고 접대를 일삼는 것이 마땅하지 아니하니" (6:2 하반절) 라고 말하며 사도들은 기도하는 것과 말씀 전하는 사역에 힘쓰기 위해 "성령과 지혜가 충만하여 칭찬 받는 사람 일곱을 택하여" (6:3) 그 일들을 맡기게 된다. 교회가 처음으로 봉사자들을 세우고, 교회 일을 위하여 조직적으로 감당하기 시작한다.

(1) 초대교회의 사역

교회에는 두 가지 중요한 사역이 있었다. 첫째는 사도들이 중심이 된 영적 사역이었다. 기도하고 말씀을 전하는 일들은 사도들이 책임지고 힘쓴 가장 중요한 사역이었다. "그들이 사도의 가르침을 받아 서로 교제하고 떡을 떼며 오로지 기도하기를 힘쓰니라" (2:42).

둘째는 공동체 안의 식구들을 구제하고 돌보는 사역이었다. "믿는 사람이 다 함께 있어 모든 물건을 서로 통용하고 또 재산과 소유를 팔아 각 사람의 필요를 따라 나눠 주며" (2:44-46). 교회는 점점 부흥하고 제자의 수가 날로 많아졌다.

처음에는 사도들이 모든 일을 직접 관장하고 치리하였으나 수가 많아짐에 따라 사도들이 하는 일은 한계에 봉착하게 된 것이다. 불평이 일어났다. "헬라파 유대인들이 자기의 과부들이 매일의 구제에 빠지므로 히브리파 사람을 원망"하였다. 사도들은 교회 안에서 일어나는 불평에 대해서 해결할 대책을 마련해야 했다. 이제 사도들이 해야 할 일과 다른 사람들이 할 수 있는 일을 구별하여 교회의 사역을 분담하게 된다. 그리하여 일곱 사람을 선택하여 구제하는 일을 전적으로 담당하게 하였다.

"우리가 하나님의 말씀을 제쳐 놓고 접대를 일삼는 것이 마땅하지 아니하니…우리는 오로지 기도하는 일과 말씀 사역에 힘쓰리라"(6:2, 4)는 것이 일곱 봉사자들을 선택하게 된 동기였다.

(2) 일곱 사람을 택하다

그렇게 처음 일곱 사람을 택할 때에는 오늘날 우리가 생각하는 "집사" 직분이 아니었다. 처음에는 해야 할 일들이 있어 그 일을 수행할 일곱 사람을 택했던 것이다. 성도들 가운데서 "성령과 지혜가 충만하여 칭찬 받는 사람 일곱을" 택하여 구제하는 일들은 그들에게 맡겼다.

이 일곱 사람을 선택한 목적은 교회의 결정권을 가지고 치리하는 임원을 선출한 것도 아니었고, 몇 사람을 들어 명예로운 직책을 위해 선정한 것도 아니었다. 교회 안에서 마땅히 이루어져야할 중요한 사역, 즉 "구제하는 일"을 담당하여 봉사하기 위함이었다. 그들이 봉사해야할 구체적인 일감을 그들에게 주었고, 그 일을 위하여 그들의 머리에 손을 얹고 기도하여 성별하였다.

그들을 성별할 때 사도행전에서는 "안수"(손을 머리에 대고 기도함)하였다고 기록하고 있다. 안수는 기름 붓는 일과는 구별된다. 우리말에 "안수"라는 말을 목사를 안수(ordination) 할 때도, 집사를 안수(laying hands)할 때도 같은 단어로 사용하기 때문에 종종 혼돈을 일으키고 있다. 후에 교회에서는 이런 직책을 "집사"라고 불렀다. 그리고 사도 바울은 디모데전서에서 디모데에게 집사의 직분을 위해서는 어떤 사람을 선택하여야 할 것을 다음과 같이 지시하였다. "이와 같이 집사들도 정중하고 일구이언을 하지 아니하고 술에 인박히지 아니하고 더러운 이를 탐하지 아니하고 깨끗한 양심에 믿음의 비밀을 가진 자라야 할지니 이에 이 사람들을 먼저 시험하여 보고 그 후에 책망할 것이 없으면 집사의 직분을 맡게 할 것"이라 했다 (디모데전서 3:8-10). "집사"라는 단어는 "섬기는 사람"이라는 뜻이다.

특히 괄목해야 할 것은 이렇게 택함 받은 일곱 사람 중 유대 이름을 가진 사람이 한 사람도 없다는 사실이다. 이는 그들을 택할 때 힘의 균형이니, 인사의 안배니 하는 정치적 영향력을 고려해서 뽑지 않았다는 것을 말해 준다. 흔히 그런 상황이면 공평하게 "유대파" "헬라파" 반씩 안배해서 서로 공평하게 처리하도록 해야 할 것이라 생각됨에도 불구하고 그리하지 않았다는 사실이다. 구제하는 일에 누가 어느 편의 사람이 얼마나 영향력을 행사하느냐 하는 것에는 전혀 관심이 없었던 것을 볼 수 있다. 어쩌면 헬라파 사람들의 불평이 있어 그 문제를 해결하기 위하여 모두 헬라파 사람들을 선택하였는지도 모를 일이다. 성령으로 충만한 초대교회의 한 면모를 보여주는 것이다.

(3) 선택하는 기준

사도들은 이 일곱 사람을 선택하는데 평범한 말로 "성령이 충만한" 사람, "지혜가 충만한" 사람, 그리고 "칭찬 받는 사람"들을 선택하라고 하였다.

사도들은 구제하는 일들을 집사들에게 맡기고, 자신들은 기도와 말씀 전하는 사역에 힘쓰겠다는 말에서 마음 놓고 이 일을 맡길 사람을 택하여 줄 것을 부탁한 것임을 알 수 있다. 주님의 몸 된 교회에 하나님의 일을 맡아 할 사람은 성령과 지혜가 충만하고, 칭찬 받는 사람이어야 한다. 능력 있는 사람도 아니요, 학력이나 경험 있는 사람도 아니었다.

가) "성령이 충만한 사람" 은 곧 거듭난 사람을 말한다. 자기의 재주나 능력으로 일하는 사람이 아니라, 성령을 의지하여 성령이 주시는 은사로 모든 일을 감당하는 사람이다. 그런 사람은 자랑도 포기도 하지 않고 겸손하다. 하나님의 영광을 위하여 자기를 희생하는 사람이다.

나) "지혜가 충만한 사람" 은 지혜로운 마음과 판단력을 가진 사람이다. 하나님을 두려워하는 것이 지혜의 근본이며, 거기에서 나오는 모든 판단은 지혜로운 것이 된다. 교회 일에 우둔하고 욕심과 집념이 강하여 독선과 고집불통으로 하나님의 일을 지혜롭게 분별하지 못하는 사람이 봉사하겠다고 나서는 것처럼 불행한 일은 없는 것이다.

다) "칭찬 받는 사람" 은 주위 사람에게 덕스러운 사람임을 말한다. 교회에서 주님의 일을 하는 사람은 열심도 중요하지만, 그보다 더 중요한 것은 가정에서, 친구에게, 이웃에게, 동료와 교우들에게 칭찬 받는 사람이어야 한다. 그렇게 일곱 사람을 택하여 그 직임을 맡겼다.

(4) 첫 순교자 스데반

"하나님의 말씀이 점점 왕성하여 예루살렘에 있는 제자의 수가 더 심히 많아"졌고, 곧이어 첫 순교자 스데반의 이야기가 기록되어 있는데 (7장), 주님의 교회의 일을 맡아 책임진 사람은 주님을 위해 생명을 아끼지 않는 믿음과 사랑과 충성심이 있음을 말하고 있다. 그 사람들은 구제품을 분배하는 일만이 아니라, 주님을 증거하고 복음을 위해서 생명을 바치는 순교정신을 가진 철저한 그리스도인이었다는 것이다. 교회 일을 맡아 봉사하는 성도님들 중에 직분을 맡으면 믿음생활과 그리스도인의 기본은 다 망각하고 맡은 일에만 몰두하는 경우를 본다.

그러나 초대교회의 일곱 집사는 철저한 신앙인이었다. 기독교 역사에 첫 순교자가 된 스데반은 죽음 앞에서 담대하게 그리스도가 구주임을 전파한다. 이 스데반의 설교가 7장에 기록되어 있다. 이 설교를 들은 군중들의 반응은 "이 말을 듣고 마음에 찔려 그를 향하여 이를" 갈았고 "그들이 큰 소리를 지르며 귀를 막고 일제히" 그에게 달려들어 성 밖에 내치고 돌로 쳤다. 그렇게 무리들이 돌을 던져 스데반을 죽였다. 바로 이 자리에 사울이라는 청년이 있었고, 그의 발 앞에 증인들이 옷을 벗어 맡기었다.

숨을 거두기 전 "주여 이 죄를 그들에게 돌리지 마옵소서" 라고 한 마지막 스데반의 기도는 주님이 십자가에서 "저들을 사하여 주옵소서 자기들이 하는 것을 알지 못함이니이다" 라고 한 기도와 흡사하다. 주님의 제자는 삶이나, 말이나, 모든 것에서 철저히 주님을 닮은 모습을 본다. 스데반은 자기를 부인하고, 자기 십자가를 지고, 주님을 따른 첫 순교자이었다.

2. 생활 속의 이야기

교회는 우리 주 예수 그리스도의 피로 구원 받은 사람들에 의해 세워졌고, 역사를 통해 수없이 순교자들의 피 위에 세워지고 부흥되었음을 본다. 지금도 그리스도의 복음이 전파되는 곳에 순교자들의 피가 뿌려지고 있다.

한국 역사에서 불과 5-60년 전만 거슬려 올라가도 얼마나 많은 주님의 제자들이 순교를 당하였던가! 수원에 있는 제암감리교회는 성도 30여명이 순교 당하였다. 일본 헌병대가 저녁예배 중에 예배당에 휘발유를 뿌리고 불을 질렀던 것이다. 한 사람을 제외하고는 전 교인이 순교를 당하였다. 그 살아남은 한 사람이 이 사실을 선교사에게 보고함으로 세상에 알려지게 되었다.

우리 민족의 역사에 3·1 운동 때 독립선언문 서명자 33명 중 기독교인이 16명이었다. 당시 우리나라 기독교인의 수는 조선 인구의 1.3% 밖에 되지 않던 시대였다. 독립운동에 가담하여 체포된 기독교인의 수는 3,373명이었다고 한다. 그리고 당시 목사들은 거의 다 체포되었다. 그 중 많은 사람들이 순교했다.

오늘날 우리교회의 부흥은 고난당했던 시절에 믿음을 지키고 복음을 전하기 위해 희생한 순교자들의 삶과 희생 위에 이루어진 것이라고 믿는다. 오늘 우리가 헌신하고 희생하여 뿌리는 씨가 미래의 우리교회의 부흥을 좌우한다고 믿는다.

우리교회는 교회의 봉사자와 평신도 지도자들을 선출할 때 어떤 기준에 의해 선출하고 있는가를 돌아보아야 하겠다.

3. 묵상을 위한 질문

(1) 가르치고 배우는 사역에 나는 얼마나 참여하고 있는가?

(2) 교회는 목회 지도자와 평신도 지도자의 자질만큼 성장하고 부흥한다. 우리교회에서 주님의 일을 하는데 열심과 희생의 서열대로 줄을 선다면 어디쯤 서게 될까?

(3) 주님의 복음과 몸 된 교회의 사역을 위해 순교하는 각오로 희생을 감당하고 임했던 일이 있었던가 생각해 보자. 주님의 복음을 위한 순수한 희생의 각오였던가? 아니면 내 개인의 명예와 자존심 때문이었던가?

4. 결단에의 초청

교회가 다른 일에 너무 많이 바빠지고 가장 중요한 말씀과 기도가 약해지면, 시험에 들게 됩니다. 목사님과 교역자들이 말씀을 전파하고 기도하는 일에 전념할 수 있도록 하는 일은 중요합니다.

교회에서 봉사하는 일은 성도님들이 분담해서 맡아 할 수 있어야 합니다. 그 일을 하기 위해서 나는 "성령이 충만한 사람" "지혜가 충만한 사람" "칭찬 받는 사람" 이 세 자격 중 모자라는 것은 없는지 살펴봅시다.

내 신앙의 현주소를 진단하는 것을 넘어서, 이러한 봉사자가 되기 위해서 내가 어떻게 준비해야 될 것인가를 생각하고, 구체적인 신앙훈련을 계획하고 결단합시다.

제4과

사역자를 택하시고 준비하시는 하나님
사도행전 9:1-6; 11:1-4, 15-18

1. 성경 이해

그런즉 하나님이 우리가 주 예수 그리스도를 믿을 때에
주신 것과 같은 선물을 그들에게도 주셨으니
내가 누구이기에 하나님을 능히 막겠느냐
(사도행전 11:17).

말씀 배경

 스데반의 순교를 계기로 예루살렘 교회에 큰 박해가 오게 되었다. 사도들은 여전히 그곳에 남아 교회를 지키고 복음을 사수하였으나, 사도들 외에 많은 그리스도인들은 유대와 사마리아와 모든 땅으로 피하여 흩어지게 되었다.
 그러나 하나님의 섭리와 뜻은 그 박해로 인해 복음을 전파하는 것이 위축되는 것이 아니라, 마치 마른 나무 가지에 불길이 튀어 걷잡을 수 없이 타오르듯, 복음은 이제 예루살렘의 울타리를 넘어 더 멀리 거세게 퍼져 나가게 되었다. 그리스도인들은 어디를 가든 그곳에서 그리스도의 증인이 되었던 것이다.

사람들은 교회를 핍박하여 잔멸하려 하였으나, 하나님께서는 핍박으로 인해 흩어진 사람들을 통하여 복음이 예루살렘을 넘어 사마리아를 거쳐 이방인의 세계로 확산되게 하셨다. 하나님께서는 땅 끝까지 복음을 전하기 위해 일꾼을 택하시고, 부르시고, 변화시키시고 무장하신다.

초대교회의 복음 전도에 가장 중요한 역할을 담당한 두 사람은 예루살렘 교회를 중심으로 활동했던 사도 베드로와, 이방 선교의 주역을 담당했던 사도 바울이었다.

(1) 베드로와 사도 바울

베드로는 주님 앞에서 "주는 그리스도시요 살아계신 하나님의 아들"(마태복음 16:16)이라는 위대한 신앙고백을 하였다. 그때 주님께서는 "이 반석 위에 내 교회를 세우"겠다고 말씀하시고 그의 이름을 '반석' 곧 베드로라 불러주셨다. 그는 예수님으로부터 가장 신임을 받던 제자였고, 정통성을 부여받은 수제자이었다.

반면 바울은 생전에 예수님을 따르던 제자가 아니었다. 그는 당시 유명한 가말리엘의 문하생이었으며, 깊은 학문으로 연마된 지식인이었다. 바울은 바리새인 출신으로 철저한 율법적 경건생활을 하는 신앙의 뿌리를 가지고 있었고, 로마의 시민권을 가지고 있어 사회에서 특별한 혜택과 권리를 가지고 있었던 사람이었다.

바울은 기독교인을 박해하는데 앞장을 섰던 사람이었다. 바울이 제일 처음 소개된 것은 스데반이 순교하는 장면에서였다. 그는 스데반이 순교한 후에 기독교인들이 흩어질 때, 적극적으로 기독교인들을 잔멸하는데 앞장을 섰던 사람이었다 (사도행전 8:3).

하나님은 복음이 예루살렘에서 시작하여 사마리아를 거쳐 이방 땅인 소아시아와 유럽과 땅 끝까지 이르게 하기 위해서 사울을 택하여 바울이라 부르셨다. 동시에 하나님께서는 그 일을 이루시기 위해서 예수님의 가장 신임받던 제자요 교회의 모체가 되는 예루살렘 교회의 정통성을 대표하는 베드로의 이방인 전도에 대한 생각과 태도를 근본적으로 바꿔놓으셨다.

(2) 사울을 사도로 부르심
가) 다메섹 도상의 사울

사울은 그리스도의 도를 좇는 사람은 무론 남녀하고 결박하여 예루살렘으로 잡아오려고 다메섹 여러 회당에 갈 공문을 대제사장에게 청하였고, 다메섹 도상에 올랐다. 그 때 갑자기 하늘로부터 빛이 둘러 비추어 그는 땅에 엎드러지게 되었다. 그는 "사울아 사울아 네가 어찌하여 나를 박해하느냐?" (9:4) 하는 음성을 듣게 된다. "주여, 누구시니이까?" (9:5) 라는 사울의 질문에 "나는 네가 박해하는 예수라"(9:5)는 음성을 듣는다.

이 사건으로 인하여 사도 바울은 그의 삶이 180도 전환되는 회심을 경험하게 된다. 그는 땅에서 일어나 눈은 떴으나 아무 것도 볼 수 없었고, 사람들의 손에 이끌리어 다메섹으로 가서 사흘 동안 보지 못하고 식음을 전폐한다.

나) 아나니아를 통하여

하나님께서는 일꾼을 부르셔서 그의 삶을 변화시켜 주신다. 그렇게 부름 받은 사람을 주위의 종들을 통하여 돕게 하시고, 교제하게 하시고, 훈련하게 하시고, 협력하게 하심으로 하나님의 사역자로 만드신다.

사도 바울이 제일 처음 만난 주님의 제자는 아나니아이다. 그는 앞을 못 보던 사울을 다시 보게 하고, 성령이 충만하도록 도와준 사람이었다. 그는 다메섹에 살고 있었고, 환상 중에 "직가라 하는 거리로 가서 유다의 집에서 다소 사람 사울이라 하는 사람을 찾으라 그가 기도하는 중이니라"고 (9:11) 주님의 말씀을 들은 사람이다. 아나니아는 사울이 성도들에게 해를 끼치는 자임을 알고 있었다. 주님은 "가라 이 사람은 내 이름을 이방인과 임금들과 이스라엘 자손들에게 전하기 위하여 택한 나의 그릇이라"(9:15)고 아나니아에게 말씀하신다. 그는 사울을 찾아가 사울의 눈을 다시 보게 하고 세례를 베푼다.

다) 바나바의 사역

사울에게 도움을 준 두 번째 사람은 바나바이다. 그는 후에 사도 바울과 가장 긴밀하게 사역한 동역자가 된다.

변화된 사울은 그리스도가 주님이시라고 열심히 증거한다. 그러나 그의 말을 듣는 사람들은 놀라 "이 사람이 예루살렘에서 이 이름을 부르는 사람을 멸하려던 자가 아니냐. 여기 온 것도 그들을 결박하여 대제사장들에게 끌어가고자 함이 아니냐?" (21절) 하여 경계를 한다. 그리고 동시에 유대인들은 그들을 배신한 사울을 죽이려 공모를 한다. 사울은 이제 양쪽에서 모두 따돌림을 받는 처지에 놓였다. 사울은 예루살렘에 가서 제자들을 사귀고자 하였으나 다 두려워하여 그의 제자됨을 믿지 아니하였다.

이런 처지에 있을 때에 사도들에게 신임 받는 바나바라는 제자가 사울을 예루살렘으로 데리고 가서 사도들에게 소개한다. 바나바는 사울을 대신해서 그의 회심 사건과, 주께서 어떻게 그에게 말씀하신 것과, 그가 죽음을 무릅쓰고 담대히 예수의 이름으로 말하던 것을 전해 준다. 바나바의 도움으로 사울은 제자들과 교제를 가지게 되었다. "베드로에게 역사하사 그를 할례자의 사도로 삼으신 이가 또한 내게 역사하사 나를 이방인의 사도로 삼으셨느니라" (갈라디아서 2:8) 라고 그는 후에 고백한다.

(3) 베드로의 변화

사울을 회심시켜 미래의 위대한 이방인의 사도로 삼으신 하나님께서는 이제 이방인과는 함께 앉아 식사도 아니하던 철저한 유대인이었던 베드로를 변화시켜 차별 없는 이방인 전도의 문을 열게 하신다. 선교 전략의 큰 변화가 한 지도자의 마음속에 단단히 자리 잡고 있던 선입견의 담이 무너짐으로 오게 된다. 한 사람의 삶이 180도 전환되는 회심도 어렵지만, 동시에 습관적으로 고착된 한 사람의 사고와 가치관과 종교적 신념이 변한다는 것 또한 어려운 일이다.

베드로는 솔직하고 적극적인 성격을 가진 사람이었다. 그는 강직한 반면 융통성이란 찾기 힘들 만큼 신념이 투철한 사도였다. 베드로는 유대파 그리스도인의 정통성을 대표하는 인물이었다. 베드로가 욥바에 머물러 있는 동안 그의 삶을 변화시킨 중대한 사건이 일어난다. 가이사랴에 주둔해 있던 이달리야 부대에 고넬료라는 백부장이 있었다. 그는 경건하고, 하나님을 경외하며, 백성을 구제하고, 기도하는 사람이었다. 기도하는 중 욥바에 보내어 베드로라 하는 시몬을 청하라는 환상을 보게 된다. 고넬료는 하인을 보내어 베드로를 불러오게 한다.

한편 베드로는 정오쯤 되어 기도하려고 지붕에 올라갔

다가 비몽사몽간에 하늘이 열리며 유대인으로서는 먹을 수 없는 각종 불결한 동물들이 담겨있는 큰 보자기 같은 것이 내려오는 것을 본다. "베드로야 일어나 잡아먹으라"는 음성을 듣는다. 베드로는 속되고 깨끗지 아니한 것은 먹을 수 없다고 대답한다. "하나님께서 깨끗하게 하신 것을 네가 속되다 하지 말라"는 두 번째 음성을 듣는다.

바로 그때에 백부장 고넬료가 보낸 종들이 도착하여 고넬료의 집으로 베드로를 초청한다. 베드로는 그때 그 환상의 의미를 깨닫고 이방인 고넬료의 집에 가게 된다. "하나님은 사람의 외모를 보지 아니하시고 각 나라 중 하나님을 경외하며 의를 행하는 사람은 다 받으시는 줄 깨달았도다" 라고 고백한다. "이 사람들이 우리와 같이 성령을 받았으니 누가 능히 물로 세례 베풂을 금하리요" 하고 그들에게 세례를 베푼다. 이 사건은 베드로에게 있어서는 회심만큼이나 어려운 큰 변화였다.

유대에 있는 사도들이 이 소식 듣고 베드로에게 "네가 무할례자의 집에 들어가 함께 먹었다"고 베드로의 행동을 비난한다. 베드로는 그들에게 사건의 자초지종을 설명한다. 그리고 "그런즉 하나님이 우리가 주 예수 그리스도를 믿을 때에 주신 것과 같은 선물을 그들에게도 주셨으니 내가 누구이기에 하나님을 능히 막겠느냐" 라고 말한다. 이 말을 들은 그들은 잠잠하여 하나님께 영광을 돌리고 "그러면 하나님께서 이방인에게도 생명 얻는 회개를 주셨도다" 라고 말하였다 (11:17-18).

이 사건은 유대 땅을 넘어 사마리아와 땅 끝까지 이르러 이방인에게도 차별 없이 복음을 전하게 하는 초대교회 선교 전략에 중대한 전환점을 가져오는 계기가 된다.

2. 생활 속의 이야기

하나님의 나라 복음을 위해 하나님은 사역자를 "부르시고, 변화시키시고, 무장시키신다." 교회에는 직접 앞에서 일하는 사람도 있지만, 바나바처럼 그런 일꾼들을 교회에 소개하고 일할 수 있게 여건을 마련하는 데 도움을 주는 사람들도 있음을 본다.

우리가 가지고 있는 독선과 선입견은 쉽게 무너지지 않는다. 그와 더불어 우리가 가지고 있는 종교적 습관과 교리, 그리고 의식도 변화되기가 무척 어렵다. 우리는 우리가 가지고 있는 기준으로 상대를 판단하고 평가하는 경향을 볼 수 있다.

오늘도 우리에게는 복음을 증거하는 데 허물기 힘든 장애물로 작용하는 선입견의 담들이 수없이 존재하고 있다. 인종, 피부 색깔, 언어, 풍속 등 문화적인 배경들이며 피차 가지고 있던 각각 다른 종교적 배경도 부정적인 요건으로 작용하고 있다.

낯선 사람에게는 열심히 전도하는 사람이 주일에 온 가족이 교회에 가면서 집에서 일하는 사람에게는 "우리가 없는 동안 문단속 잘하고, 게으름 피우지 말고, 청소도 하고, 빨래도 해놓아야 한다"라고 말하는 모순된 모습을 한국 사회에서 흔히 볼 수 있었다.

세상의 어떤 사람도 그리스도의 구원 소식 앞에 희망 없이 절망적인 사람은 없는 것을 알아야 한다. 하나님께는 언제나 가능성으로 우리의 삶이 열려 있음을 믿고, 나도 그렇게 살아야 할 뿐 아니라 다른 사람을 대할 때에도 그런 믿음으로 대하여야 할 것이다.

3. 묵상을 위한 질문

(1) 우리교회에 들어와 내 옆에 앉아 함께 예배드릴 때 용납할 수 없는 부류의 사람이 내 마음에 있다면, 그 대상이 어떤 사람들인지 말해 보자.

(2) 내 삶에 획기적인 전환점을 가져온 체험이 있으면 나누어 보자. 어떤 동기와 사건들이 개입해서 그리 되었는지 생각해 보고, 성령께서 하신 일을 찾아보자.

(3) 내가 바나바와 같은 역할을 담당해서 도와주어야 할 사람이 주위에 누구인지 생각해서 찾아보자.

4. 결단에의 초청

혹시 내가 가지고 있는 생각이나 습관이 그리스도의 복음을 전하는 데 방해가 되지는 않는지요? 있다면 그것들을 제거해 달라고 하나님께 함께 기도합시다.

우리교회에서 환영 받지 못하는 사람이나, 소외되어 교회의 봉사하는 일에 참여하기 힘든 사람들이 있으면 도와줄 수 있는 방법을 생각하고, 내가 가지고 있던 선입견의 담을 헐고 담대히 그 사람에게 다가가서 하나님의 은혜를 나누어 봅시다.

"하나님께서 깨끗하게 하신 것을 네가 속되다 하지 말라" 하신 말씀을 기억합시다.

제5과
선교의 전초지 안디옥 교회
사도행전 11:19-26; 13:1-3

1. 성경 이해

> 바나바가 사울을 찾으러 다소에 가서
> 만나매 안디옥에 데리고 와서 둘이 교회에 일 년간
> 모여 있어 큰 무리를 가르쳤고 제자들이 안디옥에서
> 비로소 그리스도인이라 일컬음을 받게 되었더라
> (사도행전 11:25-26).

말씀 배경

안디옥은 예루살렘 북쪽 수리아 지방의 수도였다. 안디옥은 당시 로마 제국의 도시들 중 로마와 알렉산드리아에 이어서 세 번째로 큰 도시였다.

스데반이 순교 당한 후 박해로 인하여 예루살렘에서 피난하여 흩어진 제자들이 베니게와 구브로와 안디옥까지 이르러 복음을 전하였으나 그들은 유대인에게만 전하였다. 그러나 그중에 구브로와 구레네 몇 사람이 안디옥에 이르러 헬라인들에게도 주 예수를 전파한다. 하나님이 함께 하셔서 수많은 사람들이 믿고 주께 돌아오게 되었으며 이 소식이 예루살렘 교회에 전해졌다. 이 소식을 들은 예루살렘 교회는 신실하고 잘 가르치는 제자 바나바를 안디옥까지 보내 교회를 치리하게 한다. 이렇게 하여 이루어진 교회가 안디옥 교회였으며, 이 교회는 이방 선교의 중추 역할을 담당한 선교의 전초지가 된다. 역사를 통하여 이 땅에 수많은 교회들이 세워지고 부흥하였다가는 이름 없이 사라졌다. 그러나 안디옥 교회는 초대교회 역사에서 이방 선교에 빼어 놓을 수 없는 자리매김을 한 중요한 교회가 되었다.

(1) 안디옥 교회는 예루살렘 교회와 연결된 교회였다

예루살렘 교회가 안디옥에 이방인들 중심으로 세워진 교회의 소식을 접한다. 예루살렘 교회는 한때 무할례자들과 자리를 같이 하였다고 베드로를 비난하던 유대계 그리스도인들로 구성된 교회였다.

이방 땅 안디옥에 복음이 전파된다는 소식을 접한 예루살렘 교회가 좋은 지도자 바나바를 보낸다. 새 순처럼 싹트기 시작하는 안디옥 교회의 교인들에게는 얼마나 위로가 되고 용기가 되었겠는가! 그러나 그보다 더 중요한 것은 예루살렘에서 시작하여 유대와 사마리아와 땅 끝까지 퍼져가는 교회는 연결성을 가지게 되었다는 것이다.

주의 복음을 받아 하나님의 백성이 된 사람들이 모이는 교회는 이제 이방인과 유대인이 한데 연결된 그리스도의 한 몸의 지체임을 증거하는 계기가 되었다.

예루살렘 성도들은 "성령이 임하면 권능을 받고 예루살렘과 유대와 사마리아와 땅 끝까지 이르러 내 증인이 되리라"는 주님의 말씀을 기억하고 믿고 사는 성도요 교회였다. 이제 안디옥 교회가 땅 끝까지 이르는 선교의 전초지가 되도록 예루살렘 교회는 지도자를 파송하였다.

(2) 함께 일하는 지도자 바나바

안디옥 교회가 어떤 건물을 가지고 있었는지, 어떤 조직과 프로그램을 가지고, 예산의 규모가 어떠했는지는 오늘 우리는 알 수 없다. 성경에 기록되어 전해진 것은 지도자와 성도들의 믿음과 삶의 모습이었다. 이는 곧 지도자의 믿음과 생각과 지도력의 중요함을 말해 주는 것이다.

안디옥에 도착한 바나바는 그들에게 "굳건한 마음으로 주와 함께 머물러 있으라"고 (11:23) 격려하였다. 바나바는 착한 사람이요, 성령과 믿음이 충만한 사람이었다고 성경은 말하고 있다. 그리고 그 지도력으로 인해서 안디옥 교회는 부흥하게 되었다.

바나바의 사람됨의 큰 모습은 그가 일찍이 만났던 사울을 다소에 가서 불러 안디옥에 와서 둘이서 함께 큰 무리를 가르쳤다는 기록에서 엿볼 수 있다. 그는 혼자 일하는 사람이 아니라 후에 자기보다 더 유명해질 수 있는 인물인 사울을 불러다가 함께 사역하였다. 사울이 후에 위대한 사도가 되는데 바나바는 빼어 놓을 수 없는 역할을 담당한 사람이 된 것이다.

주님의 복음 사역은 함께 일하는 사역이다. 예수님께서 70인을 세우사 친히 가시려는 각 동네와 각 지역으로 앞서 보내실 때에 "둘씩" 짝을 지어 보내셨다 (누가복음 10:1). 함께 일함으로 무거운 짐을 서로 나누어지며 피차 위로하고 용기를 주어 힘이 되게 하셨다. 서로 신앙을 점검하고 북돋아 주게 하셨다. 정치 세력이나 특권이나 이익을 추구하는 단체에서는 경쟁자를 경계하고 배제한다. 그러나 주님을 섬기고 하늘나라의 복음을 땅 끝까지 증거하는 사명에는 함께 일할 동역자들이 필요한 것이다.

그런 지도력 밑에서 안디옥 교회에는 열심히 일하는 교회의 일꾼들이 많았음을 보게 된다. "안디옥 교회에 선지자들과 교사들이 있으니 곧 바나바와 니게르라 하는 시므온과 구레네 사람 루기오와 분봉 왕 헤롯의 젖동생 마나엔과 및 사울이라" (사도행전 13:1).

안디옥 교회가 선교사를 파송하는 교회가 될 수 있었던 것은 주님을 위해 함께 일하는 지도자들이 많았기 때문이었다.

(3) 그리스도인이라 처음으로 불렸다

"제자들이 안디옥에서 비로소 그리스도인이라 일컬음을 받게 되었더라" (11:26). 그리스도인이라는 이름이 안디옥 교회의 믿는 사람들에게서 유래되었다. "비로소"라는 말은 "처음으로" 그렇게 불리었다는 말이다.

그리스도인이라는 이름은 다른 사람들이 그들을 보고 불러준 이름, 곧 별명이었다. "그리스도인"이란 말은 속된 표현으로 "예수쟁이" 혹은 "그리스도에 미친 사람"이라는 말이다. 별명으로 불리었다는 말은 그들에게 그만한 특성과 공통점이 있었다는 말이다. 그들은 오로지 그리스도로만 특성 지어진 사람들이었다. 철저히 그리스도 중심이요 그리스도로 한 몸이 된 사람들이었다. 그리스도만 위하여 사는 사람들이요 그리스도를 닮은 사람들이었다.

처음으로 안디옥에서 "그리스도인"이라 불리게 되었다는 것은 안디옥 교회는 그만큼 그리스도 중심이요, 안디옥 교회의 사람들은 그리스도의 사랑과 복음의 열정으로 가득 찬 변화된 사람들이었음을 말해 준다. "그리스도인"들만이 그리스도의 향기를 발할 수 있고 그를 전할 수 있다.

(4) 베푸는 교회였다

많이 가지고 있다고 베푸는 것은 아니다. 오히려 가지면 가질수록 더 모으고 베푸는 일에는 인색해지는 경향이 있다. 그러나 주님의 은혜 안에서 하나님의 축복을 경험하는 사람은 베푸는 사람이 된다. 교회도 마찬가지다.

안디옥 교회는 흉년이 들어 예루살렘 교회의 성도들이 어려움을 겪고 있음을 알고 "각각 그 힘대로 유대에 사는 형제들에게 부조를 보내기로 작정하고 이를 실행하여 바나바와 사울의 손으로 장로들에게" (11:29-30) 보냈다. 얼마나 놀라운 일이었는가! 도움을 받았던 교회가 이제는 도움을 주었던 교회를 돕게 된다. 그렇게 함으로써 예루살렘 교회와 안디옥 교회는 영적으로나 물질적으로나 서로 주고받는 교회로 발전하게 되었다.

(5) 선교사를 성별하여 파송하였다

교회의 존재 의미는 주님의 지상명령인 "가서 모든 민족을 제자로 삼아 아버지와 아들과 성령의 이름으로 세례를 베"푸는 (마태복음 28:19) 일에 있다. 즉 전도와 선교의 사명에 교회의 존재 의미가 있다.

교회는 그 일을 위하여 전도자를 길러내고 "따로 세우고" "안수하여 보내는" 일을 해야 한다. 안디옥 교회는 성령의 지시에 따라 금식하고 기도하고 바나바와 사울에게 안수하여 임무를 주어 보낸다.

성령께서 "불러 시키는 일을 위하여" 바나바와 사울을 "따로 세우라"고 말씀하셨다. 사명을 감당할 수 있는 좋은 일꾼을 찾아 따로 세우는 일은 교회가 해야 할 중요한 일이다. 따로 세우면 그를 위해 기도하고, 그를 위해 특별

배려를 해서 일꾼을 기르는 것을 의미한다. 위대한 인물들은 공동체가 찾아내 따로 세우는 일이 있을 때 나온다. "안수하여 보내었다"라는 말은 성별하여 책임을 맡기고 그 일을 하도록 지원했다는 말이다. 선교사를 안수해서 보낸다면, 그 선교지에서 선교하는 일에 책임과 동시에 권위를 부여하고 맡긴 일을 수행하는데 필요한 모든 것을 지원해서 일을 할 수 있도록 돕는다는 의미이다. 그 결과로 1차, 2차 전도여행이 끝난 후에 그들은 안디옥으로 돌아와 그들의 선교사역을 보고했다.

안디옥 교회는 조직적으로 이방인의 땅에 선교와 전도를 하는 첫 선교의 중심이 되는 교회가 되었다. "거기서 배 타고 안디옥에 이르니 이 곳은 두 사도가 이룬 그 일을 위하여 전에 하나님의 은혜에 부탁하던 곳이라 그들이 이르러 교회를 모아 하나님이 함께 행하신 모든 일과 이방인들에게 믿음의 문을 여신 것을 보고하고 제자들과 함께 오래 있으니라" (14:26-28).

예루살렘 교회를 중심으로 사도들이 복음을 증거하였다면, 안디옥 교회를 중심으로 성별되어 보냄 받은 선교사들이 땅 끝까지 이르러 복음을 증거하게 되었다. 바울도 안디옥 교회에서 시작한 전도여행으로 인하여 세 번에 걸쳐 전도여행을 하게 되었는데, 그 내용이 사도행전 13장부터 끝까지 기록되어 있다.

전도여행이 시작되는 기록으로부터 사울은 바울로 이름이 바뀐다. "바울이라고 하는 사울이 성령이 충만하여…" (13:9) 라는 기록으로부터 사도행전 끝까지 한때 그리스도인들을 박해하던 사울은 그리스도를 위하여 박해 받는 바울로 변한 새 이름으로 불리게 된다.

2. 생활 속의 이야기

교회의 부흥과 발전은 선교와 전도에 있다. 전도하고 선교하는 교회는 부흥한다. 미국의 감리교단과 장로교단에서 파송된 젊은 선교사 아펜젤러 목사와 언더우드 목사가 같은 배를 타고 지금의 인천인 제물포에 도착한 것이 1885년 4월 5일이었다.

그들이 한국에 첫 발을 디뎠을 때, 교회가 없었다. 그러나 복음의 씨앗이 떨어진 지 불과 120년밖에 안된 오늘, 한국 전 인구의 25%가 그리스도인이 되는 놀라운 부흥이 일어났다. 세계에서 제일 큰 교회들을 가진 나라가 되었고, 그리스도인의 인구 비율로 볼 때 세계 곳곳에 선교사를 가장 많이 파송하는 나라가 되었다.

선교사를 파송하고 그들을 돕는 일은 교회가 해야 할 중요한 사명이다. 선교하고 전도하는 교회는 성장하고 부흥한다. 종종 우리는 이곳에도 도와야 할 식구들이 많은데, 왜 멀리 알지도 못하는 선교지에 돈을 써야 하느냐고 묻는다. 그래서 선교 사업에 쓰던 예산을 줄이고, 자체 내에 사용하는 예산이 점점 늘어나면서 교회가 같은 비례로 약해져 가는 현상을 흔히 보게 된다. 선교지 학생들에게 장학금 주던 것을 멈추면 좋은 것 같지만, 그런 결정에는 언제나 힘 있는 사람의 영향력이 작용하게 되고, 결국 불신과 부패가 싹트게 되어 교회를 약화시키는 일이 일어나게 된다. 주는 일은 알지 못하고 이해관계가 없는 곳에 관대하게 베풀어져야 하며, 돌보는 일은 가까이 내 곁에 있는 사람들에게 적용해야 한다. 교회는 복음을 전파하는 일과 이웃을 돌보는 일로 균형이 잡혀야 한다.

3. 묵상을 위한 질문들

(1) 내 기도 속에 항상 이름을 들어 기도하는 선교사가 있는가?
(2) 내가 믿고 함께 동역할 수 있는 사람이 있는가?
(3) 나와 우리교회는 과연 선교에 어떤 구체적인 방법으로 동참하고 있는가?

4. 결단에의 초청

바나바가 바울을 불러 동역했던 것처럼, 우리교회는 능력 있고 헌신적인 사람들을 장려하고 인정해 주며 서로 함께 일할 수 있는 기회를 베풀고 있는가를 살펴봅시다.
경쟁적인 풍토에서는 독점하고, 경쟁자를 배제하는 경향이 있습니다. 교회는 서로 섬기고, 협력하고, 위로하고, 격려하는 곳이기 때문에 각각 나보다 남을 낫게 여기는 풍토가 형성되어야 합니다. 내가 일하고 있는 부서에 나보다 더 능력 있고 일 잘할 사람을 찾아 적극적으로 그에게 기회를 주고 협력하는 일은 주님의 몸 된 교회를 세우는 일에 큰 몫을 담당하는 것임을 알아야 합니다.
교회는 하나님의 일꾼을 배출해야 합니다. 찾아 따로 세우고, 도와 훈련시키고, 안수하여 보내는 일까지를 교회는 적극적으로 해야 합니다. 하나님의 복음을 가지고 일할 선교사나 목사가 될 사람을 발굴하고 양육하고 지원하는 일을 목표를 세워 이루어 봅시다.

제6과

예루살렘 회의

사도행전 15:1-11, 28-31

1. 성경 이해

어찌하여 하나님을 시험하여 우리 조상과 우리도 능히 메지 못하던 멍에를 제자들의 목에 두려느냐 그러나 우리는 그들이 우리와 동일하게 주 예수의 은혜로 구원 받는 줄을 믿노라 하니라 (사도행전 15:10-11).

말씀 배경

오늘의 본문은 교회 역사상 가장 중요한 사건 중 하나를 다루고 있다. 안디옥 교회의 대표들과 예루살렘의 지도자들이 예루살렘에 모여 교회의 교리 문제와 선교 방향을 의논하여 결의한 교회 최초의 회의였다.

예루살렘 회의는 그리스도를 믿음으로 구원 받는 복음이 유대인을 위한 유대교의 한 지파로 머물 것인가, 아니면 만민을 하나님의 백성으로 삼아 구원의 문을 여는 교회가 될 것인가의 기로에서 분수령의 역할을 하는 중대한 결정을 내린 회의였다.

날이 갈수록 부흥하는 안디옥 교회에는 내부에서 문제가 생겼다. 그것은 신학적인 문제요 교리적인 문제였다.

유대로부터 온 어떤 사람들이 "모세의 법대로 할례를 받지 아니하면 능히 구원을 받지 못하리라"고 믿는 형제들을 가르치는 것이었다. 다시 말하면, 그리스도의 복음으로 구원 받기 위해서는 유대교로 먼저 개종해야 한다는 말과 같은 것이었다. 이 가르침은 바울과 바나바가 소아시아 지방을 두루 다니며 오직 구원은 그리스도를 믿음으로 이루어지는 것이라고 할례 받지 않은 이방인들에게 전파한 복음과는 정면으로 맞서는 신학적 딜레마였다.

이제 이 신학적이며 교리적인 이 문제를 의논하기 위하여 교회의 역사상 첫 회의(conference)가 예루살렘에서 열리게 되고, 안디옥 교회는 "바울과 바나바와 및 그 중의 몇 사람을 예루살렘에 있는 사도와 장로들에게 보내기로" 작정했다. 안디옥 교회를 대표해서 바나바와 바울과 몇 사람은 교회의 전송을 받고 베니게와 사마리아를 거쳐서 예루살렘에 이르렀다. 예루살렘에 도착한 그들은 교회와 사도와 장로들에게 영접을 받았다.

(1) 회의 내용

사도행전 15:4-28까지에 있는 기록은 예루살렘 회의 내용을 요약한 회의록이다.

예루살렘에 도착한 안디옥 교회 대표들은 먼저 "하나님이 자기들과 함께 계셔 행하신 모든 일을" 보고하였다. 신학적 이론을 전개하고 토론하기 전에 하나님께서 성령을 통해 그들 중에서 행하신 일들을 증거하고 나누었다. 바리새파 중에 믿는 어떤 사람들은 일어나 "이방인에게 할례를 주고 모세의 율법을 지키라 명하는 것이 마땅하다"고 주장하였으며, 이 문제가 회의의 토론 주제이었다.

가) 베드로의 발언

이 문제를 놓고 사도와 장로들이 많이 변론한 후에, 베드로는 다음과 같이 말했다. "또 마음을 아시는 하나님이 우리에게와 같이 그들에게도 성령을 주어 증언하시고 믿음으로 그들의 마음을 깨끗이 하사 그들이나 우리나 차별하지 아니하셨느니라 그런데 지금 너희가 어찌하여 하나님을 시험하여 우리 조상과 우리도 능히 메지 못하던 멍에를 제자들의 목에 두려느냐 그러나 우리는 그들이 우리와 동일하게 주 예수의 은혜로 구원 받는 줄을 믿노라 하니라" (15:8-11).

베드로는 주님의 은혜로 구원이 이루어짐을 강조하면서 율법적 사고에서 탈피시키고 바울의 이방인 전도를 변호하였다. 하나님의 구원의 근본인 '은혜'는 특정한 종교적 의식이나 문화적 사고의 특성을 구원의 전제 조건으로 내세울 수 없다는 것이다. 예루살렘 회의는 이 담을 대담하게 헐어버렸다. 교인을 미혹하는 이단의 시도는 매우 편협적인 구원관을 가지고 있는 것이 특색이다.

나) 야고보의 발언과 예루살렘 회의의 결론

베드로의 발언 후에, 그들은 다시 바나바와 바울을 청하여 이방인 중에서 행하신 표적과 기사에 대하여 이야기를 더 들었다. 이야기를 들은 후, 야고보가 일어나 다음과 같이 제안하는 발언을 하였다.

야고보는 예수님의 동생으로 베드로와 함께 당시 예루살렘 교회의 기둥 역할을 하는 지도자요 대표자였다. 그는 먼저 베드로의 발언을 뒷받침하여 이방인의 구원이 하나님의 경륜 속에 있는 것임을 아모스 선지자의 글을 인용하여 그의 기본 입장을 천명하고 (아모스 9:11-12), 이어서 "이방인 중에서 하나님께로 돌아오는 자들을 괴롭게 하지 말고 다만 우상의 더러운 것과 음행과 목매어 죽인 것과 피를 멀리 하라고 편지하는 것이 옳으니"(사도행전 15:19-20) 라고 제안하였다. 그의 발언은 성서적이었고, 이방인을 향한 이해가 담긴 발언이었으며, 구체적인 방법을 제시한 긍정적이며 실질적인 발언이었다.

사도와 장로와 온 교회가 이에 동의하고 편지를 가지고 예루살렘 교회의 뜻과 결의를 전달할 대표자를 선정하여 안디옥 교회에 보내기로 가결하였다. 바사바라 하는 유다와 실라를 선택하여 다음과 같은 결론을 담은 편지를 그들과 함께 안디옥으로 보내었다.

"성령과 우리는 이 요긴한 것들 외에는 아무 짐도 너희에게 지우지 아니하는 것이 옳은 줄 알았노니 우상의 제물과 피와 목매어 죽인 것과 음행을 멀리할지니라 이에 스스로 삼가면 잘되리라 평안함을 원하노라 그들이 작별하고 안디옥에 내려가 무리를 모은 후에 편지를 전하니 읽고 그 위로한 말을 기뻐하더라"(15:28-31).

(2) 예루살렘 회의의 평가

교회에서 회의라고 하면 인위적인 것이요, 사람들의 의견과 생각으로 토론하고 결정하는 것처럼 생각하기 쉽다. 그러나 첫 예루살렘 회의는 성령이 주장하고 역사한 회의였고, 동시에 모든 사람이 적극적으로 의견을 교환하고 피차간에 사랑과 존경과 이해가 담긴 마음을 바탕으로 율법주의적 틀에 얽매이지 않고 복음에 입각한 결론을 내린 모범적인 회의였음을 우리에게 보여주고 있다. 이 회의는 다음과 같은 긍정적인 특성을 가지고 있다.

가) 서로를 존중해 주었다.

예루살렘 교회와 안디옥 교회는 피차의 입장과 권위를 존중하고 인정하는 과정에서 은혜롭고 원만한 회의가 이루어졌다. 은혜롭고 원만한 회의 속에 성령께서 역사하시는 것을 경험하게 된다.

나) 그리스도의 영과 복음적 입장이 지배하는 회의였다.

하나님의 말씀이 생명이 없는 율법주의 사고의 틀에서 해방을 시켜주고 "은혜"와 "믿음"이 우리의 생각을 지배하게 될 때, 하나님의 뜻이 우리 중에서 이루어지게 된다. 그들은 한 목소리로 "주 예수의 은혜로 구원 받는 줄을 믿노라"라고 입을 모아 고백하는 결론에 도달한다.

다) 구원의 핵심적인 요소와 지엽적인 요소를 구별하여 판별하는 회의였다.

그들이 표현한 "이 요긴한 것들 외에는…"이란 말에서 믿음에 중요한 것과 덜 중요한 것이 있고 핵심적인 요소와 지엽적인 요소가 있음을 보게 된다.

라) 하나님의 은혜와 사랑 앞에서는 모두가 평등하다는 것을 증거하고 보여준 회의였다.

회의에서 자기편의 기득권을 주장하지 않고, 우월성을 나태내지 않고, 동등한 입장에서 서로를 존중하는 일은 언제나 평화적인 해결책을 가져오는 바탕을 이룬다. 다음과 같은 표현에서 유대인과 이방인의 평등성을 말하고 있음을 알 수 있다. "우리에게와 같이 그들에게도…" (15:8 중반절), "그들이나 우리나 차별하지 아니하셨느니라" (15:9 하반절), "우리와 동일하게 주 예수의 은혜로 구원 받는 줄을 믿노라" (15:11). 하나님의 은혜와 사랑 앞에서는 모두가 평등하다.

2. 생활 속의 이야기

 현대 교회는 회의를 많이 한다. 그러나 교회마다 회의에 임하는 태도와 특성에는 많은 차이를 보인다.
 회의는 인위적인 것이요, 사람들이 하는 것이라 생각하여 회피하거나 중요하게 생각하지 않는 태도로 회의에 임하는 교회가 있다. 성령은 한 사람 한 사람의 마음속에 개인적으로 임재하여 일하시기도 하지만, 동시에 공동체를 통하여 역사하기도 하신다. 뜨거운 성령의 체험을 예배나 부흥회 혹은 기도회를 통하여 경험할 수도 있고, 주님의 복음 사역을 위해 헌신된 사람들이 모여 회의 할 때도 역사하심을 경험할 수 있다.
 그러나 교회임원회나 교인총회와 같은 회의에 모이면 찬송하고 기도하고 말씀 듣던 예배 때와는 태도가 180도 바뀌어 그리스도인의 말과 행동은 찾아 볼 수 없는 모습으로 회의에 임하는 경우도 보게 된다. 회의장에만 모이면 마치 국회에서 정치인들이 편당이 갈라져 대치하고, 서로 비판하며, 의견을 좁히지 못하고 싸우는 것과 같은 모습을 교회 안에서도 보게 된다. 결국 수의 대결로 물리적 투쟁을 하여 승패를 결정하는 회의들이 있다.
 성령이 역사하는 은혜로운 교회에서는 임원회 때에도 충만한 은혜 속에서 서로를 이해하고 존경하여 한 마음으로 "아멘" 하여 결론에 도달하고, 모두 웃고 희망적인 모습으로 돌아가는 모습을 보인다. 교회 안의 회의는 성급하게 투표하여 다수로 가부를 묻기보다는 의견들을 모으고 건설적인 대안으로 대치하여 소위 합의하여 의견의 일치를 이루는 (consensus) 방법을 모색해야 한다.

3. 묵상을 위한 질문들

(1) 근래에 있었던 회의 중 은혜롭지 못하였던 회의가 있었으면, 예루살렘 회의와 비교하여 이유를 생각해 보자.
(2) 은혜로운 결론을 가진 회의가 있었으면, 무엇이 그렇게 만들었는지 그 이유를 생각해 보자.
(3) 우리교회 안에서 새로 믿는 사람들에게 괴로움을 주고 무거운 짐이 되게 하는 요소들이 있는가? 어떻게 적극적으로 그 문제를 해소할 수 있을까?

4. 결단에의 초청

내가 몸담고 신앙생활을 하는 교회는 내 신앙을 돕고 내게 은혜가 되어야 하는 것도 중요하지만, 동시에 다른 사람들에게도 편안하고 은혜로운 교회가 되어야 한다는 것을 잊어서는 안 됩니다. 나를 통해서 교회를 찾는 어려운 형편에 있는 사람들에게 편안하게 주님의 복음에 접할 수 있는 기회를 주기 위해 나는 과연 어떤 선입견과 판단 기준을 가지고 있는지 살펴봅시다.

교회는 예수 그리스도를 모르는 사람들에게 전도하여 구원에 이르게 해야 할 사명이 있습니다. 어떻게 하면 그들에게 필요 없는 짐을 지우지 않고, 편안한 마음으로 복음을 받아들여 주님의 제자가 되게 할 수 있을까 하는 질문을 계속 해야 하겠습니다. 이 질문에 충실한 교회는 성령이 일하시며, 성령이 충만한 교회입니다.

제7과
유럽으로 전파되는 복음
사도행전 16:9-15, 27-34

1. 성경 이해

> 주 예수를 믿으라 그리하면 너와 네 집이
> 구원을 받으리라 (사도행전 16:31).

말씀 배경

사도 바울의 2차 전도여행의 기록은 복음이 처음으로 유럽에 있는 마게도냐 지역으로 전파된 과정을 담고 있다 (15:36—18:22).

바울과 바나바는 1차 전도여행을 함께 하였으나, 2차 전도여행은 따로 떠나기로 합의한다. 바울은 실라와 디모데를 데리고 가고, 바나바는 마가라 하는 요한을 데리고 전도의 길에 오르게 된다. 바울의 2차 전도여행 계획은 소아시아 지역을 다시 방문하면서 그 지역의 그리스도인들의 형편을 살펴보고 신앙을 격려하려는 것이었다.

그렇게 계획하고 떠난 바울과 실라는 성령이 아시아에서 말씀을 전하지 못하게 하시는 것을 알고 여정을 변경하여 소아시아 서편 끝에 위치한 무시아를 통하여 비두니아로 가려고 하였다. 이때에 "예수의 영이 허락하지 아니하여" 진로를 바꾸어 드로아로 내려간다. 바울은 여기서 밤에 환상을 보게 된다. 마게도냐 사람 하나가 서서 "마게도냐로 건너와서 우리를 도우라"는 것이었다. 바울은 이 환상을 하나님께서 그 지방 사람들에게 복음을 전하라고 부르시는 음성으로 인정하고 이튿날 배를 타고 건너가 마게도냐 지경 첫 성인 빌립보에 이르게 된다.

이로써 아시아에서 시작된 그리스도의 복음이 비로소 서구 문명권인 유럽에 이르게 된다. 바울의 2차 전도여행은 이제 유럽에 있는 도시들인 빌립보를 통하여 데살로니가, 베뢰아, 아덴을 지나 고린도를 거쳐 돌아오게 된다.

이를 계기로 삼아 "예루살렘과 온 유대와 사마리아와 땅 끝까지 이르러 내 증인이 되리라" 하신 복음의 물결이 아시아 지역을 넘어 유럽으로 퍼지게 되고, 결국은 로마를 거쳐 땅 끝까지 이르게 된다.

(1) 성령의 인도하심에 순종하는 사도

바울은 2차 전도여행에 오르면서 처음 계획했던 것과는 달리 중도에 행선지를 변경해야만 했다. 충성스런 하나님의 일꾼은 하나님의 계획과 뜻을 항상 찾고 기다리며 순종하는 사람이다. 어떤 형태로 성령께서 바울이 계획한 것을 막았는지 사도행전은 자세히 말하고 있지는 않지만, 중요한 것은 바울의 일행이 마게도냐로 건너가 유럽 땅에 하나님의 말씀을 전도하게 된 것이 사람의 계획이 아니라 하나님의 계획이었다는 것이다. 하나님의 계획과 인도하심 앞에서 사람의 생각과 계획을 미련 없이 접고 순종할 수 있어야 한다. 우리에게 생각과 계획은 있다. 그러나 더 중요한 것은 하나님의 계획이 있다는 사실이다.

(2) 마게도냐 첫 성 빌립보에서 일어난 일
가) 첫 개종자 루디아

마게도냐의 첫 성 빌립보에 도착한 바울의 일행은 안식일에 기도처가 있는가 하여 찾아 나선다. 거기서 강가에 모여 앉아있는 여자들을 만나 그들에게 전도하게 된다. 그들 중에 루디아라 하는 한 여자가 마음을 열어 바울의 말을 청종하고, 마침내 예수님을 구주로 영접하고 그와 온 집안이 모두 세례를 받게 된다. 루디아는 소아시아에 있는 두아디라 시의 "자색 옷감장사"로서 하나님을 공경하는 사람이었다. 자색 옷감장사라 함은 자주색 물감 장사를 하는 사람으로 비교적 부유한 생활을 하는 사업가였다.

빌립보 성의 첫 개종자 루디아는 바울과 그 일행을 자기 집에 강권하여 유하게 한다. 루디아의 가정은 주님의 평안이 머무는 가정이 되었고, 사도 바울과 그의 일행은 그 집을 근거로 빌립보에서 전도활동을 하게 된다. 빌립보 성의 첫 개종자 루디아는 이 귀한 사역에 들려 쓰임 받는 영광스런 자리를 차지하게 되었다. 바울의 일행은 실라와 디모데, 그리고 동행하였던 의사 누가인 것으로 믿어진다.

나) 두 번째 개종자

바울과 일행은 기도하는 곳에 가다가 점치는 귀신들린 여종 하나를 만나게 되어 예수 그리스도의 이름으로 귀신을 좇아낸다.

그 소녀는 고침을 받았으나 그 귀신 들린 여종으로 점치는 사업을 하면서 돈을 벌고 있던 주인들은 이 일로 인하여 "자기 수익의 소망이 끊어진 것을 보고" 바울과 실라를 관청에 고소한다. 이 일로 인해 바울과 실라는 체포되어 옥에 갇히는 몸이 된다. 발목에는 차꼬가 든든히 채워지고 쇠사슬에 묶여 감옥에서 밤을 맞게 된다. 그런 중에도 그들은 한밤중에 기도하고 하나님을 찬송하였다. 한밤중에 갑자기 큰 지진이 나서 옥터가 움직이고 문이 다 열리고 매인 것이 다 벗겨졌다. 잠에서 깬 간수는 옥문이 다 열린 것을 보고 죄수들이 도망한 줄로 생각하고 그 책임을 회피할 수 없을 것 같은 두려움에 칼을 빼어 자결하려고 한다. 당시의 법으로는 간수가 죄수를 놓치면 그 죄수가 받아야 할 형벌을 간수가 대신 받아야 하는 엄한 처벌이 있었다 한다. 스스로 목숨을 끊으려하는 간수를 본 바울이 큰 소리를 질러 "네 몸을 상하지 말라 우리가 다 여기 있노라"고 한다. 간수는 도망갈 수 있음에도 도망하지 않고 태연하게 있는 바울과 실라를 보고 그 앞에 굴복하고 만다. 자기가 지키고 있던 죄수가 이제는 스스로 목숨을 끊으려는 자신의 생명을 살려준 은인이 된 것이다.

"선생들이여 내가 어떻게 하여야 구원을 받으리이까"(16:30) 라는 이 간수의 질문은 삶의 현장에서 믿음으로 완전히 승리한 사람 앞에서 패자가 부르짖는 절규와 같은 소리였다. "주 예수를 믿으라 그리하면 너와 네 집이 구원을 얻으리라" (16:31). 주의 말씀을 들은 그 간수와 온 집안이 예수 그리스도를 영접하게 된다. 이렇게 하여 두 번째 가족이 개종하여 세례를 받게 된다.

바울과 실라는 비록 발에 차꼬가 채워지고 쇠사슬에 묶여 있는 몸이지만, 어떤 것도 그들을 좌절시키거나 제어할 수 없는 믿음을 가진 강한 그리스도인의 모습을 보여준다. 삶에 자신 있는 바울과 실라는 오히려 자기를 지키던 간수를 도와주었을 뿐 아니라 그의 가정을 예수 그리스도의 이름으로 구원하게 된다.

2. 생활 속의 이야기

계획한 일이 좌절되는 경험은 우리 모두가 사는 동안 수없이 경험하는 것들이다. 내가 아는 한 집사님은 전도하는 열정이 강한 분이었다. 그는 맨해튼의 경리사무실에 취직해서 일을 했다. 미국인 주인은 수차례에 걸쳐서 찾아온 손님에게는 절대로 예수 믿도록 전도하는 간증을 하지 말라고 그에게 경고하였다. 그러나 그는 사무실에서 못하면 문 밖에 서서 전도를 하였다. 그 일로 인해서 그는 더 이상 그 사무실에서 일할 수 없게 되었다.

그 집사님은 자기 간증집에서 그 일로 인해서 하나님께서 그에게 개인 사무실을 시작할 수 있도록 하셨고, 그 일 이후에 한국 이민자들이 많아지고 사업하시는 분들이 많이 늘어나면서 크게 번성하여 전에 자기를 고용했던 사무실보다 더 크게 성장하게 되었다는 고백을 하셨다. 하나님의 뜻대로 부르심을 받고 하나님을 사랑하는 사람에게는 모든 것이 합력하여 선을 이루게 된다.

하나님께서는 한 길이 닫힐 때 또 새로운 길을 열어주신다. 하나님께서 계획하시는 일에 내가 가야 할 길을 맡기는 것이 믿는 사람의 태도이다. 내가 계획한 길이 막히는 것은 실패가 아니다. 잘못된 길을 고집하면서 하나님의 계획을 거슬러 가다가 패배하고 기어이 낭패를 보는 사람은 어리석은 사람이다. 우리가 길을 계획할지라도 이루시는 분은 하나님이심을 믿고, 믿는 사람들은 언제나 자기의 계획을 하나님께서 닫고 여시는 기회와 인도하심에 복종하고 적극적으로 그 길을 따라 나아갈 마음의 준비와 자세를 가지고 살아야 한다.

3. 묵상을 위한 질문

(1) 내가 계획했던 길이 막히고 다른 길을 열어 하나님께서 더 좋은 일을 이루신 것을 경험한 일이 있는가?

(2) 우리교회에 루디아의 가정과 같이 목회자를 대접하고 도와 하나님의 일을 돕는 가정이 있는가?

(3) 지난 날 어렵고 절망적인 환경에 처했던 때가 있었던가? 그때 나의 모습은 옥중에서도 찬송하고 기도하던 바울과 실라의 모습이었는가? 아니면 자기의 목숨을 끊으려 하던 간수의 모습이었는가?

4. 결단에의 초청

교회의 역사는 사도행전 28장에서 끝나는 이야기가 아닙니다. 사도행전 28장이 기록된 이후 29장으로 시작해서 지금까지 주의 복음이 증거되는 곳에 교회를 통해 성령과 성도들의 이야기들이 하나님 앞에 기록되어지고 있다고 생각해 봅시다. 훗날 주님 앞에 설 때에 땅 끝까지 이르러 주님의 중인이 되어야 하는 선교와 전도의 사명을 감당한 교회들의 이야기 속에 나와 우리가정, 그리고 우리 교회의 이야기는 어떻게 남겨질 것인가를 생각하며 살려고 노력합시다.

제8과
로마에서 땅 끝까지
사도행전 20:17-25; 28:23-31

1. 성경 이해

내가 달려갈 길과 주 예수께 받은 사명
곧 하나님의 은혜의 복음을 증언하는 일을 마치려 함에는
나의 생명조차 조금도 귀한 것으로 여기지 아니하노라
(사도행전 20:24).

말씀 배경

바울의 3차 전도여행은 1차와 2차 전도여행과는 달리 출발했던 안디옥으로 돌아오지 않는다. 예루살렘으로 발길을 돌리고, 그는 그곳에서 잡혀 죄수의 몸으로 가이사랴로 후송되고, 2년 후에 로마에 이르게 된다. 사도행전은 바울이 로마에서 가이사 앞에서 재판을 기다리는 동안 연금 상태에 있으면서 전도하는 이야기를 최후의 기록으로 28장에서 끝을 맺는다.

복음서에 기록된 예수님에 관한 마지막 한 주간의 기록이 3년 동안 예수께서 하신 사역과 비교할 때 가장 많은 부분을 차지하고 있음을 본다. 예수님의 마지막 주간에 관한 기록이 요한복음에서는 21장 중 12장 (½ 이상), 누가

복음에서는 24장 중 6장 (¼ 이상), 마가복음에서는 16장 중 6장 (⅓ 이상), 마태복음에서는 28장 중 8장(¼ 이상)을 차지하고 있다.

마찬가지로 바울이 3차 전도여행을 마치고 예루살렘을 향하여 가서 그곳에서 체포되어 죄인의 몸으로 로마까지 가게 되었다는 비교적 단순한 내용의 기록이 사도행전에서는 전체 28장 가운데 8장, 즉 사도행전 전체의 ¼ 이상을 차지하고 있음을 주의 깊게 살펴볼 필요가 있다. 그만큼 사도 바울이 로마로 가게 된 일은 교회 역사에서 중요한 의미를 가지고 있음을 보여주고 있다고 보겠다.

(1) 예루살렘을 향하여

바울은 3차 전도여행을 마치고 돌아가는 길에 에베소에서 남쪽으로 약 36마일 떨어진 항구 도시 밀레도에 내려 사람들을 에베소에 보내어 교회의 장로들을 청한다. 그 때 바울의 마음에는 이번에 예루살렘으로 가면 다시는 자유로운 몸으로 그들을 볼 수 없을 것을 예감한다.

에베소는 바울이 전도여행 하면서 유일하게 3년이라는 긴 시간을 머물던 곳이었다. 정든 교회의 지도자들인 장로들과 마지막 작별 인사를 하는 장면은 감동적이다. "범사에 여러분에게 모본을 보여준 바와 같이 수고하여 약한 사람들을 돕고 또 주 예수께서 친히 말씀하신 바 주는 것이 받는 것보다 복이 있다 하심을 기억하여야 할지니라" (20:35). "이 말을 한 후 무릎을 꿇고 그 모든 사람들과 함께 기도하니 다 크게 울며 바울의 목을 안고 입을 맞추고 다시 그 얼굴을 보지 못하리라 한 말로 말미암아 더욱 근심하고 배에까지 그를 전송하니라" (20:36-38).

성령께서는 사도 바울이 예루살렘에 가면 해 받을 것을 알게 하신다. 그러나 바울은 그 길을 회피하지 않는다. 바울은 땅 끝까지 이르러 증인이 되라는 말씀대로 성령의 지시에 순종한 사람이다. 바울은 자기의 의지와 꿈을 가지고 세계의 정치, 경제, 문화의 중심지인 로마에 가서 복음을 전하겠다는 계획을 스스로 세운 것이 아니었다. 성령께서 사도 바울을 예루살렘으로 향하도록 인도하셨다. 바울은 그의 앞길에 기다리고 있는 고난을 알면서도 담대히 예루살렘을 향하여 간다.

(2) 체포되어 가이사랴로 호송되는 바울
가) 바울을 죽이려는 사람들

바울이 예루살렘에 도착한 지 거의 일주일이 되었을 때, 아시아로부터 온 유대인들이 성전에서 바울을 보고 무리를 충동하여 소요를 일으킨다 (21:27). 급히 출동한 군사들에 의해 바울은 체포된다 (21:33). 무리들이 여러 말로 바울을 고소하며 바울을 없이하자고 외치며 따라간다. 천부장은 백부장을 시켜 바울을 영문 안으로 데리고 가라 명하고 채찍으로 때려 신문하라 명한다. 바울은 백부장에게 "너희가 로마 시민 된 자를 죄도 정하지 아니하고 채찍질할 수 있느냐" (22:25) 라고 말한다. 이 말은 천부장에게 전해진다. 이로부터 오히려 천부장은 조심하여 바울을 대하게 된다.

나) 바울을 보호하는 손길

이로부터 천부장은 오히려 바울을 죽이려하는 유대인들과 다른 사람들로부터 그를 보호한다. 그는 백부장을 시켜 밤중에 보병 200명, 기병 70명, 창병 200명을 준비해 (23:23) 바울을 가이사랴까지 호송하도록 한다. 사람들은 바울을 죽이려하지만 하나님께서는 이방인 로마 군대의 천부장을 택하여 바울을 보호하시고, 하나님께서 계획하시는 곳으로 인도하신다.

(3) 그리스도를 증거하는 바울

예루살렘에서 체포되어 가이사랴로 호송되기 전날 밤, 바울은 "담대하라 네가 예루살렘에서 나의 일을 증언한 것 같이 로마에서도 증언하여야 하리라"(23:11)는 주님의 음성을 듣는다. 바울은 자신의 생명을 보호하시고 가는 길을 인도하시는 하나님께 맡기었다. 오로지 주님을 증언하는 그 한 가지 일에만 충실했던 바울이었다.

가이사랴에 도착한 바울은 총독 벨릭스 앞에서 그리스도의 부활을 증언한다. 총독은 백부장에게 바울이 감금되어 있는 동안 자유롭게 해주고 그의 친구들이 그를 돌볼 수 있도록 하라고 명을 내린다. 2년이라는 세월이 그곳에 있는 동안 흘러 총독이 교체된다.

벨릭스 후에, 새로 부임한 총독 베스도는 바울에게 "네가 예루살렘에 올라가서 이 사건에 대하여 내 앞에서 심문을 받으려느냐"고 묻는다 (25:9). 바울은 "아무도 나를 그들에게 내줄 수 없나이다 내가 가이사께 상소하노라" (25:11)고 베스도에게 답하면서 로마 시민이기에 황제 가이사 앞에서 재판받을 수 있는 권리를 행사한다.

아그립바 왕이 베스도를 문안하러 가이사랴에 왔을 때, 베스도가 바울의 일을 왕에게 고하니 아그립바 왕도 바울의 말을 들어보고 싶어 한다. 그리고 왕 앞에 선 바울은 여기서도 자기가 회심하게 된 이야기와 그리스도의 고난과 부활에 대해 담대히 말한다. 왕과 함께 이 말을 들은 베스도는 "바울아 네가 미쳤도다 네 많은 학문이 너를 미치게 한다"고 말한다. 아그립바 왕도 "네가 적은 말로 나를 권하여 그리스도인이 되게 하려 하는도다"고 말한다. 그리고 바울은 "당신뿐만 아니라 오늘 내 말을 듣는 모든 사람도 다 이렇게 결박한 것 외에는 나와 같이 되기를 하나님께 원하나이다" (26:29) 라고 담대히 그들 앞에서 증언한다. 바울은 죄인의 몸으로 로마 황제 가이사 앞에서 재판 받기 위하여 로마로 향하는 배를 타게 된다.

(4) 로마에서의 바울

로마에 도착한 바울은 로마 황제 가이사 앞에 서기 전, 그곳에서 2년 동안 연금 상태로 재판을 기다리게 된다. 바울은 그렇게 기다리는 동안 비교적 자유롭게 자기를 찾아오는 사람들을 만날 수 있었다 (28:16). "그들이 날짜를 정하고 그가 유숙하는 집에 많이 오니 바울이 아침부터 저녁까지 강론하여 하나님의 나라를 증언하고 모세의 율법과 선지자의 말을 가지고 예수에 대하여 권하더라" (28:23) 라고 로마에서의 바울의 행적을 기록하고 있다. "바울이 온 이태를 자기 셋집에 머물면서 자기에게 오는 사람을 다 영접하고 하나님의 나라를 전파하며 주 예수 그리스도께 관한 모든 것을 담대하게 거침없이 가르치더라" 라는 말로 사도행전을 마감한다.

2. 생활 속의 이야기

그리스도의 복음과 하나님의 나라 확장은 바람 부는 대로 물결치는 대로 안일하게 순풍에 돛단배처럼 그렇게 신앙생활 하는 사람에 의해 이루어지지 않았다. 언제나 거센 파도를 헤치고, 부는 바람을 거슬러, 담대하게 도전하여 "때를 얻든지 못 얻든지" 복음을 담대하게 증거하는 사람들에 의해 이루어졌다. 지금도 자유롭게 그리스도의 복음을 증거하고 전도하는 일을 금지하는 나라가 세계 곳곳에 많이 있다. 아직도 회교도 국가에서는 그리스도인들이 불이익과 박해를 받는 일이 공공연하게 일어나고 있다. 그러나 순교를 각오한 전도자들에 의해 지금도 복음은 전파되고 예수 그리스가 증거되고 있다.

만일 사도 바울이 로마에 가서 복음을 전하여야 하겠다는 생각에 사로잡혀 안전하게 그곳까지 도착하기 위하여 조용히 있었다면, 그는 진정한 의미에서 그리스도의 일꾼은 아니었을 것이다. 길 가는 낯선 사람에게는 전도지를 나누어 주면서 "예수 믿으세요" 말하지만 가까이 있는 친구나 친지들에게는 입을 열어 전도하지 않는다면 과연 진실한 그리스도인이라 할 수 있겠는가? 강단에서는 복음을 전파하고 있지만 매일 매일의 생활에서는 복음이 방해받는 그런 말과 행동을 하며 산다면, 그리스도인의 삶으로서는 모순이 있는 것이다.

신실하고 충성스럽게 일하는 하나님의 일꾼들은 하나님께서 인도하시고, 보호하시고, 책임지신다. 교회에서 맡은 일에 충성하고, 바른 일에 담대히 서서 말하고 일하는 사람은 하나님께서 보호하시며 가는 길을 인도하신다.

3. 묵상을 위한 질문

 (1) 나는 기도할 때 무엇에 관심과 초점을 맞추어 성령님의 지시를 기다렸었는가? 내게 맡기신 하나님의 일이었던가 아니면 개인적 문제와 축복에 관한 관심이었던가?
 (2) 내가 걸어온 길에서 주님을 증거하는 일과 하나님께 영광 돌리는 일에 얼마나 일관성을 가지고 말하고 행동하고 살았던가를 돌이켜 보자.

4. 결단에의 초청

 사도 바울을 로마까지 보내신 하나님의 뜻과 계획은 세계를 향한 그리스도의 복음이 바르게 정착되어 전파되기 위한 기틀과 발사대를 마련하기 위한 것이었습니다.
 복음 전도와 선교에 임하기 위해 스스로 말씀을 배우고 바른 틀을 마련하는 데 우리교회는 얼마나 충실하게 임하고 있는가를 물어 봅시다.
 "내가 달려갈 길과 주 예수께 받은 사명 곧 하나님의 은혜의 복음을 증언하는 일을 마치려 함에는 나의 생명조차 조금도 귀한 것으로 여기지 아니하노라"(20:24)는 바울의 신앙고백이 세계 복음화의 지상명령을 가지고 있는 그리스도인들의 고백이 되어야 하겠습니다.

www.ingramcontent.com/pod-product-compliance
Lightning Source LLC
Chambersburg PA
CBHW010918040426
42444CB00016B/3446